新イベント運営完全マニュアル

最新改訂版

はじめに

イベント運営の世界は個々人の能力や感性に頼るところが多く、いわゆる自転車の乗り方のような〝自分で学べ〟の徒弟的な教え方で非効率な世界でした。

加えてこの世界のプロデューサーたちの考え方は江戸時代の剣の流派のようなもので、運営のノウハウについては苦労して得た〝飯のタネ〟としての技術は外に出さない傾向にあります。それゆえ長い年月イベント運営というと華やかではあるが得体のしれない怪しいイメージがつきまとっていました。

このような状況の中で本著の初版本を出した当時、イベント本は内容の不完全ものばかりでした。それはシナリオ読本でもあり、会議運営だけに絞った本でした。

不完全な本を払拭すべく初版においてはイベントというもののすべての枠組みをしっかりとらえ全体像が見えるものにしており、個別のシナリオ作りや照明の当て方、ステージ回しや機材の使い方などの個々の自分で学習できるものは割愛してエッセンスを詰めています。

改訂版ではさらにグローバル化やインバウンドの流れやＳＮＳの進化の影響なども紹介しています。

イベント運営の技術は経営や選挙、そしてＰＴＡやお花見、運動会や飲み会、さらにはお見合いパーティーからウエディングなどの幅広い事への応用が利きます。

資金集めから始まり、マーケティング計画や要員集め、開催地の選定などの何もないゼロからのスタートを計画している方はまずこの本を紐解いてみてください。

実際にフェイス・トゥ・フェイスで行われる全てのイベントからＳＮＳで遠隔で行われるコミュニケーションまで全てがイベントです。実際に皆さんの実生活はイベントの連続と言えるでしょう。そうなればイベントを制することで皆さんの人生そのものが輝くものと信じます。

新たな時代を迎え、皆さんのイベント力の開花と潜在能力の開発にお役できることができれば幸いです。

高橋フィデル

CONTENTS

第2章
イベントの準備

第3章 イベントの実行

第4章 イベントの運営

第1章

イベントは
メディアである

1 メディアの進化系がイベントだ

日常には数々のイベントがあります。ホームパーティからオリンピックまで、人が意図的に開催するものはすべてイベントといえます。そして、これらの**イベントは見方を変えるとそれ自体が大きなメディアであると考えられます。**

かつては新聞やテレビなどの活字媒体、テレビやラジオなどの電波媒体、ｗｅｂにあるようないわゆる発信型の媒体のみがメディアであると思われていました。ところが最近では情報の伝達、記録、保管に用いられる機器や装置もメディアと呼ばれています。

しかしメディアとは何かを突き詰めて考えると、その**もっとも進化した形が「フェイス・トゥ・フェイス」という、人と人が顔を合わすことで情報が発信され、交換されることだと言えます。そしてこのメディアの代表こそが「イベント」なのです。**

いまの世の中ではこのイベント運営の重要度がとても大きくなっています。イベントが滞りなく行われないと社会も経済も沈滞します。なぜかと言うと、国の方向を託す人を選ぶ選挙もイベントだと言えますし、人の一生を決める婚活や就職活動もイベントだからです。さらに広くとらえると学校の授業において先生が生徒に教えることさえもイベントで、スーパーがチラシを配ってセールを行うのもイベントです。

これらのイベントに対して私が提示する考え方があります。

それは**イベントを第三の進化したメディアとしてとらえることです。人と人が交流するフェイス・トゥ・フェイスを実際に行うイベントは、双方向のコミュニケーションができる場として有効なメディア媒体であると考えられます。**

イベントがこれまでの活字媒体や電波媒体と違うところは、情報を提供する側と参加する側がお互いに出会うところにあります。だからこそ相手が与えたいと思う情報以外の付帯情報も同時に感じることができるのです。たとえば人が直接顔を合わせると相手の靴を見たり、ズボンを見るなど、その人の服装を見ることができます。またその人のしぐさまでも見られます。このように相手の別の要素を見ることで、書かれている情報以上の、その人が提案するものがより具体的になります。すなわちその人がこんなことをやりましたということに対しての価値が実際に会うことでプラスされたりマイナスされたり二乗されたりするわけです。そういった付加の情報こそがメディアの本質だといえます。

このことからわかるように**最先端の立体的な発信能力を持つメディアがイベントです。**イベントマネージメントの運営の方法を身につけることこそ、実はツィッターやフェイスブックよりも最先端のメディアコントロール手法を手に入れることになります。さらにそれは最先端でありながら、かつてギリシャの都市国家が行った議会制度でもあり、２０１０年年末から２０１２年新年にかけてチェニジアで起きたジャスミン革命にも匹敵します。要は、人は顔を合わすことでより正確な情報を交換し、そこにさまざまなパワーと権利とお金が生まれるということです。

以上のように何らかの力がフェイス・トゥ・フェイスによって生まれることを世の中の人がおぼろげながら知っているからこそイベントが必要になります。しかしそのマネージメントに関してどう進めれば一番いいのかは誰も教えてくれません。

そこで本書ではこのフェイス・トゥ・フェイスのイベントマネージメントの方法を具体的に紹介したいと思います。

フェイス・トゥ・フェイスのイベントマネージメントの方法を知ることで、人を動かすこともでき、お金を身につけることも、選挙で人に投票に来てもらうこと、またいろんなことに対して大きな力を手に入れることができます。

ただしイベントの運営の方法に関しては、社会の変化と共に日々変わっていくことを理解してください。もしかしたら一年経てばもう古くなっていることもあるかもしれません。ただ、基本というのはぶれないものです。その基本をベースにこういうやり方をすればいいという方法を知って、応用でいろんなことができることを知ってください。

2 マネージメントでよくあるトラブル

イベント運営の中でもっとも大切なのは全体のタイムスケジュールを組むことです。しかしながら日本ではタイムスケジュールの組み方が非常にあいまいです。なぜかというと、日本人には阿吽の呼吸や「やっといてね」といった簡単な言葉でなんとなくお互いがお互いのことを理解したつもりになるといった不思議な文化があり、口約束をして記録をとらないところに問題があります。

大手の広告代理店がイベントのマネージメントのひとつとして慣例的に行なっているのは夜の会食や会合です。その中では「では、次よろしく」という暗黙の了解がお互いに交わされます。ところがそのやり方はグローバルスタンダードではなく、運営の正しい方法ではありません。口約束で始めるために、大抵何らかのトラブルが起ります。

具体的にどういったトラブルの元になるのか、実際に私が手がけたサーカスイベントの仕事で考えてみました。

スタッフや出演者に「朝9時に来てください」とクライアントの担当者が言ったとします。

しかしそれは不十分な情報です。スタッフや出演者からすると「9時からショーがスタートするのか」「9時に集まればいいだけなのか」「9時に着替えて来たほうがいいのか」「ただ荷物だけを持って集まればいいのか」「9時の段階で身体のウォーミングアップを済ませて来たほうがいいのか」「衣装は用意されているのか、それとも持っていかなくてはならないのか」などの細かい情報がまったくわかりません。

日本人はあいまいで「9時に来てください」と言うと、なんとなく9時に来て、そこで何かの行き違いがあっても許されるわけですが出演者が外国人の場合はトラブルになります。

この問題をクリアにするのがイベントプロデューサーの仕事です。

考えなくてはならないのは、なぜ9時に集合するのかということです。そしてそこでは、9時に集まる理論的な背景は何かを伝えなくては意味がありません。「12時からショーがあるから、ウォーミングアップの時間も入れて9時集合と言っているのか」「9時からミーティングがあるから集まるのか」などさまざまな疑問をはっきりさせて伝えるのがプロデューサーの仕事です。

そこでは体系的に物事を考えて、「9時に集まる」という言葉のあいまいさをどれだけつぶしていくかということが必要になります。その結果わかることは、**細部に渡って練られたタイムジュールを作らなくてはならないということです。**

3 イベント参加率を上げる方法

イベントの告知についてもポイントがあります。たとえば何かのイベントの告知で「渋谷駅前に何時集合です」と参加リストの100人に伝えるだけだとヒットするのは21人です。だからこそ多くのイベンターは大量のリストを作って、できるだけ多くの人に伝えて、そのうちの数パーセントがくればいいというのが日本のイベントのやり方になっています。ネットの世界でさえメールマガジンを多数送り続けて、1000人のうち12人にネットショッピングをさせればいいと考えています。しかしその考え方ではこれからのビジネスは成立たなくなってくるはずです。

プロデューサーならば、このイベントは**どのような集まりか、何をすればいいかを明確にすることによって人の参加率は上がってくるということを知らなくてはなりません。**だからこそ告知の方法が重要になります。

イベントの内容を正確に伝えるために**プロデューサーには先を予測する優れたシミュレーション能力が必要**になってきます。告知では参加者が必要としている情報だけでなく、必要かどうかさえ気づいていない部分の情報まで細かくシミュレーションし、すべてを網羅することによって参加率を高めていきます。

たとえば選挙の投票を促す告知で考えてみると、「皆さん何月何日は投票日です。参加しましょう」では一方的に言っているだけです。そこにはこれをすることによってこんな価値があるということを伝えていません。そして詳細も伝えなくてはいけないはずです。時間は何日の何時から何時までで、投票にはおよそ何分かかるかも伝えるべきです。特に選挙が初めてという人を呼ぶには「選挙に参加すると投票まで20分で終わりますよ、投票所にはペンが用意されていますよ、体育館の中で行いますがそこにはドリンクがありますよ」といった細かいことまで伝えるべきです。

告知に詳細情報を一文入れるだけで参加率はどんどん上がっていきます。

「駐車場があります」「近くにレストランがあります」もっと言うならば「同じ場所に隣接して今日はフリーマーケットを行っています」というのでもいいのです。参加者は自分の欲しいことや興味のあることがそこで少しでも得られれば増えていきます。ですからイベントのマネージメントの基本は告知に関しての詳細情報をたくさんシミュレーションすることです。

イベントのプロデューサーにとって、このシミュレーション能力こそ最大の武器といえます。そしてこの能力をアップするために、常にトレーニングしておく必要があります。そしてシミュレーションの基本はタイムスケジュールをしっかり組むことです。いつがイベントの実行日なのか、ではその日から逆算していま何をすべきなのか、告知は、予算は、と考えていきます。するといま何をどうすべきかが見えてきます。

4 人を動かす告知方法とは？

企画を練るときに、よく言われるのが5W2H（いつ、どこで、誰が、何を、どうする、なぜ、いくらか）です。しかしそれは新聞記者などが記事を書くための基本項目にすぎません。

イベントのプロデューサーの場合は、この5W2H以上の情報を考えなくてはなりません。先述した選挙であれば、「投票所の近くでフリーマーケットやっています」「投票所にはペンがあります」「投票は20分で終わります」というさらに突っ込んだ情報こそ、5W2Hを越えたそれ以上の情報になります。

イベントのプロデューサーは、**周辺のイメージを自分の中で映像的に思い浮かべて、たとえば初めて選挙に参加する人だったらどう考えるだろうかと考えてなくてはなりません。**「体育館の入口はどこだろう」「トイレはあるのだろうか」と当事者になりきって、頭の中で考えられることが最初の告知への一番大事なシミュレーションになります。

駐車場に関しても、有料なのか無料なのか、有料ならば1時間の利用料金はいくらなのかという詳細情報を提示しなくてはなりません。このように有効な詳細情報が多いほど人は動きやすくなります。

本来今のネット社会では人は動かなくてもいいはずです。このような時代に人を動かすためには、どのようなことをすればいいかを考えなくてはなりません。人は興味のある必要な情報が1点でも2点でもあれば行ってみようかなという気持ちになります。

たとえば子ども連れの人の場合、子どもを遊ばせる場所はあるのか、自転車置き場があるのかは気になります。さらに進化させて、選挙の投票をしている間に子どもを預けるようなところがあるのかなど、ターゲットにあわせてシミュレーションをし、情報を挙げていく必要があります。こういう人に来てほしいという要望があれば、そういった人用に**詳細を掘り下げて情報を提示するる**のがポイントになります。

別の例では、税務署が行うキャンペーンもよく目にします。その地域に住んでいる有名な俳優さんやタレントさんから許可を得て、税金を納めに来ましたという発表をします。このニュースを見て、「ああ、いまは納税の時期なのだ」と一般の人にも意識させているのです。これも告知のひとつの方法だといえます。

私ならオタクの男の子たちを選挙に来させるために、告知のところに本人の許可を得て「〜区にはアイドルの○○ちゃんが住んでいます。選挙活動に熱心なので投票所で会えるかもね」という告知を打ちます。それだけで動く人が増えるはずです。

このようなシミュレーションが告知の最も大事な部分です。ところが選挙の現実では政治のことしか話しません。「あなたの一票が国を変える」とです。それも非常に大切なことですが、イベント運営から見れば「国を変える」で動く人が世の中にどれだけいるか考えなくてはなりません。

このように**告知をする場合、ある程度のターゲットを絞った方が、効果が出る**ことがわかります。先ほどの「○○ちゃんがどこの区に住んでいるから会えるかもね」というオタク向けのターゲッティングもありますし、「二十歳になったキミに」というように二十歳だけに絞ることもできます。選挙に関する細かいセミナーを作ってもいいのです。その層に当てたメッセージを考えて、今ある既存の情報でどれだけ打ち出せるかが重要です。

次に、自分で情報源を作ることも必要です。たとえば駐車場代が1時間８００円だったとします。その駐車場が市のものだとすると、市役所に対して選挙に来た人は半額もしくは1時間無料にしてくださいと交渉するのも仕事です。許可が得られたらこれこそが自分で作り出した新たな情報になり、新たに人を引き寄せるためのものになってきます。このように作り出す情報が次のステップです。

人が活動をするにあたって、まず既存の情報をできるだけ提案します。そして今度は逆に、**既**

存の情報から進化させて新しい情報を取り入れたりすることで、もっと人を引き寄せます。一番大事なのは既存の情報をいかに的確に出すか、次の段階で付加価値をどれだけ付けられるか、この2点を告知のベースにすることがポイントです。

5 たった一工夫で人はもっと動く

今度は今までと相反することを書きます。

情報を次々に与えるのが告知だと書きましたが、**一方で告知はシンプルであるべき**です。ここがイベント業の難しいところで、だらだらと長い情報を入れていくというのはスマートではありません。

プロデューサーは事前にシミュレーションをたくさんして、まずはすべての情報を出します。そこに先ほど述べた付加価値をどこまで付けられるかというのも書き出していきます。その中から**取捨選択して最善の告知を探ります。**

ところが通常、イベントをやろうという人はシンプルにしたいがために、付加価値の部分しか入っていないことが多いのです。そして事前に既存の情報を網羅していないから本当に必要なものを見落としていることがあります。

道順の案内をするだけで参加者がぐっと増すかもしれないということさえも気づいていません。たとえば電車やバスのタイムテーブルを横にぽんと貼るだけで、参加者が増えるということに気づいていないのです。

プロデューサーには、そこにあるものを全て網羅できる能力というのが必要ですし、そこから本当に必要な情報のみを絞る能力も必要です。ここにセンスが現れます。人は長い情報の羅列に関しては興味を持ちません。本などで、タイトルや表紙しか見ないという人は山ほどいるはずです。タイトルから表紙に流れて、気になると目次に移るわけです。ちらっとでも見て、気になるキーワードがあればそこから入ってきます。色もそうですし、置いてある場所も同様です。

次に情報の並べ替えが必要です。情報はただ羅列するだけではだめで、こなれた文章で書く必要があります。しかしそのこなれた文章というのが、世間的に言う体言止めがしっかりできているからこなれているというわけではありません。人を引き付けるセンスあるものでなくてはなりません。かといって、最初に何を打ち出すのかというのをあまりストレートに書き出すのもよくありません。

たとえば選挙に来てもらいたいのなら「投票について」なんて書き出しは誰も読みたくあり

ません。そうではなくて話しかける口調でもよく（女の子が男の子に話す感じでもいい）「ねえ、日曜日何しているの」でいいわけです。

人間は基本的に物事でストレートなものに関してあまり興味を示さないものです。**人が興味を示すのは自分がわからないことに対してです。**ストレートな表現の告知でも本当に選挙が好きな人は選挙に来ます。告知は選挙に来ない人を掘り起こすことをしないとならないのです。最初にターゲットの関心を引くことが大切になります。ターゲットの幅が有権者というように広い場合は有権者全体というよりその有権者の中の多数派に焦点を絞ります。それをマジョリティと言います。マジョリティを女性とするのであれば、「今日は料理を作らずに外食しよう。だって選挙だから」というように持って行けます。これが相手の関心を得るキャッチのあるタイトルになります。マジョリティを働き盛りの40代、50代の男性で地方都市なので車を持っている人と定めたら、たとえば「クルマ持っている?」。これは決してクルマを持っている人に訴えているわけではないのです。これって何だろうと思わせればいいのです。ところがいまの日の大手広告代理店は「クルマ持っている?」というのはクルマを持っている人にしか訴えないと考えています。本当はクルマを持っていない人も見るということを想定しなくてはならないことに気づいていないのです。

ここに分譲住宅の広告があったとします。家を買おうと考えている人しかその広告を見ないかというと、もしかしたらインテリアがきれいであれば興味のない人も見るかもしれないことに注目しなくてはなりません。

少し逸れますが、多くの人が陥りやすいのが「サンタクロース効果」というものです。みんな幸せになりたいと考えているために幸せを運んでくれるサンタクロースが来るのを待つわけです。そしてサンタクロースをずっと待っていると、たまたまサンタクロースに良く似た格好の大黒天が横を通っても「ああ、別人か」と気にもとめません。サンタクロースを待ちすぎているために幸せを運ぶ大黒天に気がつかないのです。

それを気づかせてあげる方法を考えるのがプロデューサーの仕事です。基本的に人間は物事に対してひとつ思い込むとそこしか見えなくなり、違うことには目を閉ざすわけです。その**閉ざした目を開かせる方法を考えるわけです**。分譲住宅の広告では、きれいなインテリアを見せてより多くの人に見てもらうようにするのもこの方法です。その結果家を買いたくなるという人も出てくるかもしれません。

人には自分の波紋を広げたいという欲求があります。心理学的に言うと、自己達成欲を満たすということです。この達成欲は、食欲や睡眠欲、性欲よりも高い。お腹が空いているときは食事の話が気になりますが、ある程度すべての物事に満足している状態の場合は達成欲が優先します。するよと、選挙であればその人が投票に行くことによって、別の何かを得ることができないかという気持ちが芽生えてきます。ですから、打ち出し方としては、「選挙に行きませんか」とズバリ言うのではなく、「本当にいま満足していますか」というように広く訴えかけてみます。もっと細かく言うならば「日曜日、朝晴れていたらあなたは何をしますか?」でいいのです。晴れるというのは偶然の要素です。晴れてないかもしれませんが、何をするかを考えるところから入っていくのです。自分が何か興味を惹くにはズバリではない何か別の要素を出してあげる必要があります。これはいまの広告業界の告知の方法で欠けていることです。

海外では多民族の国が多く、さまざまな言語が入り乱れているために意識してシンプルにしないと告知になりません。日本は単一民族ですから、訴え方に工夫がなくても伝わります。そのために周辺から攻めることをあまりせず、情報の並べ替えというのもあまり行なわないために告知の打ち出し方の能力が退化していっています。そのために、いつまでたってもインターネットやフェイスブックなどの新しいものの発想はどんどん外国から生まれており、いまの日本からはなかなか発信できていないのが現状です。この状況を打破するためには、あらゆることに**シミュレーションすることから始め、情報の並べ替えとストレートではないタイトルの付け方が告知の中で必要であること**を再確認しなくてはならないでしょう。

6 想像力を身につけると世界が変わる

イベントプロデューサーに欠かせない、シミュレーションに関してのトレーニング方法があります。ここで一番簡単な朝のたった5分でできる方法を紹介します。自分に置き換えてシミュレーション技術を学ぶのが最も簡単な方法です。たとえば私の場合は自宅から最寄りの駅に向かうのに自分にはどのような欲求が生まれて、どのようなことが起こる可能性があるだろうとほんのひとつかふたつ想像してみます。「コンビニに寄っておにぎり買うんだろうな」とか「今日は天気がよくて暑いから、駅に着いたらドリンク飲むんだろうな。ドリンク飲んだときにそこは混んでいるのかな、混んでいるからおそらく5分くらいかかるだろうな」などです。最初から細かくシミュレーションをするのは難しいですから、いつも通いなれている道でシミュレーションすると簡単にできます。

いきなりこのイベントでどんなことが起きるか想像してみてくださいと言われても難しいでしょう。だからこそまず、**日常生活の一部で自分がどうなるかを想像することから始める**のがいいでしょう。たとえば手始めに会社のことでもいいと思います。「デスクに座って最初に何をして、何が足りなくて動くんだろうな。たとえばパソコンの電源をつけたら、昨日やり残した仕事があるから、まずコピー機に向かうだろうな、コピー機に向かったら両面印刷する機能がよくわからないからマニュアルを見るだろうな」というように一連の5分間をシュミレーションしてみます。これを毎日続ければ、あなたのシミュレーション能力は格段に上がっていきます。そして自分の想像がある程度できるようになれば、今度は他人はどうだろうかと考えていけばいいのです。私は人間にとって瞑想の時間はすごく大事なことだと考えます。ゆっくり目を瞑り、ぼんやりとこんなことが起きるだろうな、ということを想像しながらずーっとできるだけ長く追って考えていきます。「ああ行って、こう行って、そういえばあの服が気になっていたな」「そういえばいつもあの場所であの子に会うな」とか「あの子に会ったときに髪型が気になったな」といったようにです。

元々人間は想像しながら次の行動を考えるという能力が一番欠けています。そこでこのぼんやりと瞑想する時間がすごく大事になってきます。おそらくぼんやり物事を考えて、というのは一番ダメな時間と考えがちですが、科学的に言うとこのときの脳が一番活性化していることになるからです。これは学校の勉強では教えないことです。知識や記憶では積み込めないイマジネーションという能力です。イマジネーションはテレビや映画を観たり、本を読んだり、美術品を鑑賞したり外部の要素によって得るもので、自分だけで身につけるというレッスンはありません。近いものがあるとすれば、それはヨガで最後にとる死者のポーズというのが比較的近いと思われます。近いヨガをやっている人がヨガをやめられないのは、その時間の自分の肉体や脳が活性化する面白さを知ってしまったからだといえます。脳みそがぼんやり考えて想像しているときこそ一番脳が動いているときです。イマジネーションで映像が動いているときこそ脳のスペックをたくさん使って動いているのです。その能力を身に付けないとただの情報だけが入って話すだけの人になってしまいます。

さて、シミュレーションの話に戻りますが、この能力がさらに進化していくと、上司が今日はどんなことで怒るのかも想像できるようになります。「おそらくあの人はこれを怒るだろう。今日は木曜日か、そういえば毎週木曜日は機嫌が悪かったな、なぜだろうか、ああなるほど、水曜日に営業会議があって会社から予算を言われるのだな。そうか、木曜日の朝いつも機嫌が悪いのは前日の会議のせいか、そして彼は予算をみんなに言うタイミングを見計らってひとりずつ呼び出すだろうな。ならば最初のやつはすごく怒られるはずだ。だからこの時間ははずして自分から話しかけてみよう」というようにシミュレーションしていきます。ほんのわずかな時間でもこのシミュレーションが役に立ってプラスになっていくはずです。

面白いことにシミュレーション能力を身に付けていくと、言葉にも厚みが出てきます。想像力を持たない人が発する言葉と想像力を持っている人の言葉ではオーラやその人の雰囲気が違います。そして言えることは、想像力を持った人は発信型の人間だということです。

人間には発信型の人と受信型の人がいます。発信型の人は自分から物事を進めていき新しい発想を提案していきます。この発信型の人は数が少なくなかなか見当たりません。しかし、自分がシミュレーションできるようになれば、次々と自分から発信型の人間らしい雰囲気が出てきます。そしてしばらくして驚くことが起ります。気がつくと自分の周りに多くの人が集まっているのです。そこで初めて人は発信型の人間の周りに集まるといったことに気がつきます。正にこれこそがプロデューサーの資質といえます。

この発信型の人間になるためにはイマジネーション、すなわち想像力のトレーニングを積むことが必要です。

イマジネーションのトレーニングができるようになり、進化していくようになれば、これから起こりうることや、行ったことのない場所さえも想像できるようになってきます。

たとえば初めてマレーシアに行くことになった場合でも「あの国はイスラムの国だな。欧米みたいにいきなり握手してもいいのだろうか。マレーシア語の文字はアルファベットなんだ。それなら読めるだろうな。出口という単語をネットで検索して、少なくともトイレと出口と荷物という単語だけ調べておこう」と想像できるようになります。それだけで実際に降り立ったときに不安になり迷うことがなくなるのです。

このようにシミュレーション能力のある人は、**いろいろ次を予測して想像できているために無駄な行動が少なくてすむはずです**。この無駄の少ない行動能力こそイベントのマネージメントにおいて必要不可欠なことなのです。

7 シミュレーションは時空を越える

シミュレーションを行う上で注意することは、希望的な考え方や期待をしてはならないということです。

たとえば何時何分に「彼女と会う」というのと「会いたい」というのは違います。「会いたい」というのは勝手な希望的想像で「会えるかもしれない」というのがシミュレーションです。シミュレーションというのはかなり現実的なものをイメージするものですが、決してポジティブに考えてはいけません。**シミュレーションでは起こりうる嫌なことや良いことを全部想像しなくてはならないのです。**

そしてシミュレーションというのはあくまで期待値であって、自分の夢を描くものではありません。人間の使っている時間は平等ですから、シミュレーションができるようになると、頭の中では空間と時間を飛ぶことができるようになり、多少の時間は得するようになるかもしれません。そして、シミュレーションができるようになるといろいろなところに自分を置くことができるようになります。そこでは**夢を見るのではなくてシミュレーションを楽しむのです。**やがて自分のシミュレーションの精度が上がり、現実が合致するようになってくると可能性がふくらんでくるのです。

人前でスピーチするときに緊張する人がいます。ところが自分がスピーチをしていて、どこの時点で話が盛り上がって、どこでこうなってああなってと事前にシミュレーションさえできていればあがることはありません。なぜかというとシミュレーションの世界ですでに舞台の上に立ちリハーサルを行っているからです。中には無意識の内にシミュレーションをやらざるを得ない職業の人もいるはずです。たとえばモータースポーツのレーサーやサッカーなどのスポーツ選手はその代表です。次このような展開になってとシミュレーションしながら試合を進めていかなくては勝負には勝てないからです。その中で想定外でミスするというのは、シミュレーション不足ということになります。

我が国の震災時にささやかれた想定外という言葉も同じです。本来地震国家であり火山国家である日本は、いつ地震が起きるかもしれないという話をするよりは起きたときのシミュレーションを個々に立て、何が起こりえて、どんなことがあるから、何をするかという大きなシミュレーションをすれば解決できることがたくさんあります。

ある交差点で交通事故が頻繁に起きるようになるとカメラを設置(タクシーでもクルマにカメラを積んだり)していますが、なぜ事故は起きるのか分析するだけでは解決までに時間がかかります。このようなことも、シミュレーションさえできれば、その交差点の弱点も見えてきて想定できることしか起らないということになります。それができれば対策はおのずとわかることになります。

8 本当の人の心理は動きたいと思っている

人が動くということは社会に対して膨大な影響力があります。たとえば3000人のデモがあったとすると大きなニュースになりますが、3000人がフェイスブックで「イイネ」と支持してもニュースにはなりません。ネットの世界では、1万件以上の「イイネ」の支持を受けて始めて情報として注目されるかどうかです。ところが実際に**人が動くと少人数のイベントでさえもニュースになることがあります。**イベントのマネージメントをうまくすることによって、**人を動かすというスキルを身につけることができれば、それだけで大きな力を手に入れたことになります。**

実際に1万人が集まったとしたら大きなニュースになります。

たとえば原発問題でもし賛成の人を1万人集めることができたとしたら（賛成でも反対でもどちらでもいいのですが）、それだけで世論が賛成に流れていきます。原発の前で数百人が反対と言っている映像がニュースで流れることがありますが、そこに1万人集めたらどうでしょう。当然廃案になる方向に動くはずです。そのように**人を集めるためのイベントのマネージメントの力には大きなパワーがあります。**

それには先述したように駐車場があるのか、子どもたちの面倒を見てくれるところがあるのか、デモだったら何時に始まって何時に終わるのか、その後の予定は自由なのかと詳細情報をはっきり明記するだけでイベントへの参加者は増えていきます。

ネット時代では外に出なくてもいいはずですが、人の本当の心理は動きたいのだと思ってください。潜在的に人は止まることができず、動きたい生き物だということです。その潜在意識を刺激するきっかけを作ることがイベント告知には重要です。そのために多ければ多いほど参加したくなるのです。

告知にはすべての人の興味に対しての要求を満たすは不可能です。だからこそ違う付加価値で訴えかけるようにする必要があります。例を出すと商店街のうなぎ屋さんと同じで、店の宣伝をメールで送るよりも、パタパタッと臭いを散らしていったほうが人は集まります。さらに、美味しいですよと言うよりも、さくらでもいいですから人を並ばせたほうが効果があります。

先ほども書いたように人には行動したいという欲求があり、さらに取り残されてはいけないという考えもあります。幕末の志士たちでさえそうでした。当時は国を想うことがトレンドでした。誰もが国を語る時代だったためにみんなが動いたのです。同じように今はサッカーのワールドカップで興奮した若者たちが渋谷で騒いでいる姿のニュースを見て、私もあそこに行きたいと思う人はたくさんいるはずです。

いつの時代でも人は動きたいわけですから、それを後押しするために**プロデューサーはシミュ**

レーションして、いろんな仕掛けをし、最も参加し易いように導いてあげることがイベントの運営です。実際人が動けば金銭も動きますし、世の中に対しての影響力にもなります。もしかしたら国会の前に1万人集めるのではなくて、近くの公園で政治イベントをやって、「さあ、みんなこっちまで歩いていこう」と国会前まで引っ張っていくだけで法案の一つぐらいひっくりかえるかもしれません。そのときには、啓蒙活動をしながらアイドルを先頭に歩かせてもいいですし、やり方はいろいろですが、人を動かすための後押しをするのがイベントのプロデュースです。

9 タイムスケジュールを管理する

イベントを実行するにはタイムスケジュールを管理することが重要になります。多くの人は今日何をして明日何をするなどと書き出しますが、行うべき作業は常にひとつではありません。この作業とこの作業は同時に進行しなくてはならないというものもありますし、片方が終わらないともう一方が始められない、もしくは同時に終わらなくてはならないというものもあります。作業と作業の間に数式があると考えてください。つまりイベントを成功させるために行うさまざまな作業には関連性があるということです。**この作業が終わらないとこの作業が始まらない、この作業とこの作業は同時に終わらなくてはならないからこうなる、とシミュレーションして当てはめていくと、最短ではどのくらいでこの10個の作業がこなせるかが見えてきます。これをプロジェクトマネージメントといいます。**この考え方によって最短時間をみつけることができ無駄な作業をしなくて済みます。このプロジェクトマネージメントがしっかりできていないとトラブルになります。

たとえばお客さんからイベントの申し込みがあり入金がありました。しかし予定の人数が集まりませんでした。中止したら会場などからキャンセル料を請求され、結果的に赤字になりました。ということはよくあります。

しかし事前に作業の相関図を書いておけば、キャンセル期限が90日前であれば申し込みの締め切りを１００日前にすればいいだけのことだとすぐにわかります。ここで注意すべきは宿泊施設やバス会社等のキャンセルの期限が違うことです。すべてをキャンセルできるところに期限を持っていくと、今度はイベントの申し込み期限があまりにも前すぎて成り立たなくなってきます。ある程度損をしてでも期限をこのあたりにすべきだという図式を考え、どの仕事が終わったらこの時点でどうするかを全体を見て決断をするようにしておきます。この時点で損失が出るとわかっていればそこで打ち切って、また次回につなげられると判断できる部分を残すべきです。これだけで結果的には大失敗ということにはなりません。点でしかものを見ずにずるずるとキャンセルをせずに引っ張っていくと失敗します。これは作業に関する相関図ができていないからだといえます。

以上のことからわかるようにイベントを成功させるためには、**プロデューサーはプロジェクトマネージメントをしっかりと行えなくてはならない**のです。

第2章

イベントの準備

1 何をしたいかインタビューで見抜く

イベントプロデューサーの役割として、シミュレーションを行うことと平行して大事なことは、クライアントとのやり取りです。イベントのマネージメントではクライアントに会って話を進めることや、イベントを進めるにあたって中心になる人物とのコミュニケーションが重要になってきます。

もしクライアントがなくて自分たちのアイデアで立ち上げる場合でも、イベントに呼び寄せようとしているマーケット層というもうひとつのクライアントがいると思わなくてはなりません。そしてクライアントとのやり取りの中で、**何を望んでいるのか要望を知るために綿密なインタビューを行います。**ここではどのようにインタビューを行えばいいかを説明していきます。

インタビューといえば相手の要望をすべて聞いて進めていきがちですが、それは失敗のインタビューになります。例としてこれが不動産であれば大きなリビングがほしい、広くて使いやすいキッチンがほしい、玄関がふたつあったらいいと思いついたことを次から次に言われます。クライアントは頭の中がまとまっていないためプロに頼めばなんとかしてくれると考えています。しかしこれらすべての要望を聞いていると、おそらく予算はいくらあっても足りなくなります。しかし多くの場合予算は限られているはずです。プロであれば**予算に合わせてそれを満たすことや、仕上がりを満足できるものにする必要があります。**

クライアントへのインタビューから「この人の本当の要望はリビングだな、部屋を明るくしてアウトドア感覚で使うことが要望の核だ」と判断して、他の項目を削りながら説明し、そこに現在ある予算を集約する骨子を提案するのがプロの仕事です。

一方、大手代理店でイベントを請け負う場合はクライアントの要望をすべて聞くことが多いようです。しかしそれでは当初決めていた予算の枠を越えていきトラブルになることがあります。そして「このようになったのはクライアントさんが要望されたからですよ」という決着の仕方です。これでは正しいイベントの運営とは言えません。本来、クライアントが望んでいるものは予算内で成功させたいということです。であればプロデューサーは**相手の要望をじっくり聞いた上で予算を考慮し、たくさんある要望を取捨選択していくというフィルターの作用をしなくてはならない**のです。

インタビューではクライアントの生き様やポリシーなど、イベントに関係のないことまで聞き出しながら判断し、要望の核になるものを見つけ出します。そしてこのイベントを行う本当の目的は何か、といった本質を追求していきます。たとえばイベント会場を幕張にしたいという要求に対して、それは会場が広いからなのか、それともこの会場を借りるのが夢であったという単純なものなのかも聞き出さなくてはなりません。インタビューによりクライアントの本心がわかると、幕張でなくてもただ広い所であれば他のスペースでもかまわないことがわかります。

また参加者に外国人が多く、開催費は1億円しかないというのであれば「開催地をシンガポールにしませんか、予算は三分の一で済みますよ。その代わり余った予算であなたがやりたかった別のことができますよ」と提案もできます。開催地よりも出来上がりにこだわるならそのほうがいいわけです。クライアントはいろんな要望を言いますが、実は自分のことがよくわかっていないことが多いため、口から出る要素が１００％の要望ではなく、まだまだ整理ができていない漠然とした状態であると思っていいのです。

インタビューで注意することは、相手の要求をすべて聞き書き出していくということです。すべてを書き出すことで、いったい何がしたいのかフォーカスが合わなくなるはずです。そこでそれらを整理、取捨選択をし、一番望んでいる部分をクローズアップしていきます。

イベントプロデューサーは、ファッションアドバイザーのようなものです。ピアスが欲しい、腕時計も欲しい、素敵な服も欲しいとやっていたら、できあがりのファッションは見た目にも見苦しいはずです。かっこいいのはシンプルでありながら一点豪華というものです。それを**インタビューから読み取ってコーディネートする**のがイベントプロデューサーの仕事です。

2 インタビューの成功がイベントのカギ

クライアントへのインタビューがうまくいけばイベントはほぼ成功だと思ってください。相手の要望の整理さえできれば（具体的なプランは別として）イベントとして成功する要素はそろっています。クライアントの要望はどういうものかと整理し、本人も気づかない到達点（目的）まで見破ることができればまず失敗はありません。

目的に到達できていないのに進行し、なんとなくうまくいったというプロデューサーもいますが、それはクライアントと長く一緒にいることでやりながら仲良くなっていき、修正しながら進めるという方法をとっています。そして最後になんとなく成功するのです。本人たちもそのことに気づかず最初から成功していたと勘違いしています。ただ途中で修正されてゴールが同じところになったというだけのことです。しかしこれではプロとはいえません。もしそういう仕事のやり方をしているのであればひとつの仕事にかかりきりになり同時並行にふたつの企画を進めることもできないはずです。自分の生きている年数分割るイベントに関わった年数といった数少ない運営しかできないということになります。これでは命の切り売りです。そういう人は家庭と仕事を両立できないはずです。ほとんどのプロデューサーは同時にいくつかのことをしていますが何もかもがそれになってしまってはいけないはずです。

プロデューサーはクライアントと常にべったりいる必要はなく、**インタビューをしっかりすることでむだの少ない運営をするべきなのです。**これまでの多くのプロデューサーが行ってきたやり方は最初が間違えていると言えます。ボタンの掛け違いがあるようにインタビューがしっかりできていないと焦点がどんどんずれていって苦しくなってきます。逆に**インタビューで本質を突き詰めることができているとうまくいきます。**核になる要望を絞り込んだところまでインタビューを行うことでイベントの全体像が見えるということです。

3 エクステンション法で発想の転換をする

クライアントへのインタビューで「核になる要望」がどのようなものかわかったときにプロデューサーとしてまず考えなくてはならないことは、この要望がこのままで**市場のニーズに合っているか、実施可能かを判断する**ことです。もし市場のニーズに合っていない場合には、核になる要望をそれに合うように動かすことが必要になってきます。そこでさまざまな発想方法を駆使して、より良いイベントに仕上げていかなくてはなりません。

発想法のひとつで「延長・拡大」を意味するエクステンション法というのを紹介します。エクステンション法を人気マンガの『ヒカルの碁』を例に説明してみましょう。碁というものは、多くの人が特定の概念を持っているかもしれません。大人の遊び、年寄りがするもの、特定の人しかできない難しいゲームなどと思っているでしょう。その難しい碁に子どもが挑戦する姿をマンガにしたのが『ヒカルの碁』です。そしてこのギャップをマンガで見せることによって、それまでのニーズから年齢層をぐっと広げることに成功したといえます。

このように概念を少し変えて拡大する発想法がエクステンション法です。このマンガが流行るまでは、ほとんどの人が特定の概念にしばられていたため碁のイベントを行いたいという要望があっても、碁を子どもとつめるという発想さえありませんでした。

靴は履くものだ、手袋は手につけるものだと人は概念から離れることができません。経験の中から与えられた情報をその枠から出ることがなかなかできないのです。これではとてもクリエイティブとは言えません。その**概念から離れることに注目して、クライアントの核になる要望をエクステンションして少しずらしていき、「こういうこともできますよ」という発想法で提案するのです。**たとえばクライアントに新たな演歌歌手を売り出したいという要望があったとします。いまでこそ黒人やアイドルで演歌歌手という人もいますが、それこそまさにエクステンション法です。黒人だから演歌は歌わないはずだ、ではありません。そのあたりも踏まえながらどういった演歌歌手が考えられるのかクライアントとのインタビューの中でつかんでいきます。そして違った発想法で見方をずらして実施プランに近づくわけです。

クライアントは困難な要望であっても内容を変えることは望んでいませんし、自らの発想が良くないと全否定されることも望んでいません。そこで**プロデューサーは核になった要望をこういう方法もありますよとエクステンションして提案します。それだけでクライアントができないと思い込んでいたことを可能にしていきます。**その結果が演歌でいえばジェロさんや氷川きよしさんの成功だと思います。

エクステンション法を身につけるといろんなことが発想できるようになります。

たとえば7月の1日が彼女の誕生日で、その日に動かせない仕事の予定が入っていたとします。普通の人は彼女に謝るか仕事の予定を変更します。しかし前日の夜に一緒に過ごして日付が変わった瞬間に「ハッピーバースディ」と言ってもいいわけです。ただ7月1日の夜でしか誕生日が実施できないと思い込んでしまっているために仕事と誕生日が重なったときに行き詰まり、予定がバッティングしていることしか考えられなくなるのです。

日常生活の中でもスッとずらしてみるという発想法だけで解決する問題はたくさんあるということです。

イベントの場合でのエクステンション法の多くは、場所や年齢層など一箇所ずらすだけで人は

そこに来るものです。たとえば「富士山に海外の人を呼ぶ」というイベントだとしたら、どういう人が来るのかをまず考えてみます。多くのみなさんは外国人とは海外から来る日本人ではない人という概念があるでしょう。しかしもしかしたら海外に住んでいる日系人も富士山を見たいという2世や3世の人がいるかもしれません。そういう人に訴えかけてみませんか？　という提案も出来ます。様々なイベントで年齢層をずらして考えると？　場所を変えると？　ターゲットを変えると？　いうのが誰も考えなかった提案が出来るようになります。エクステンション法が身につくと応用は多方面にきくようになるのです。クライアントが気づかなかったずらし方をすることに

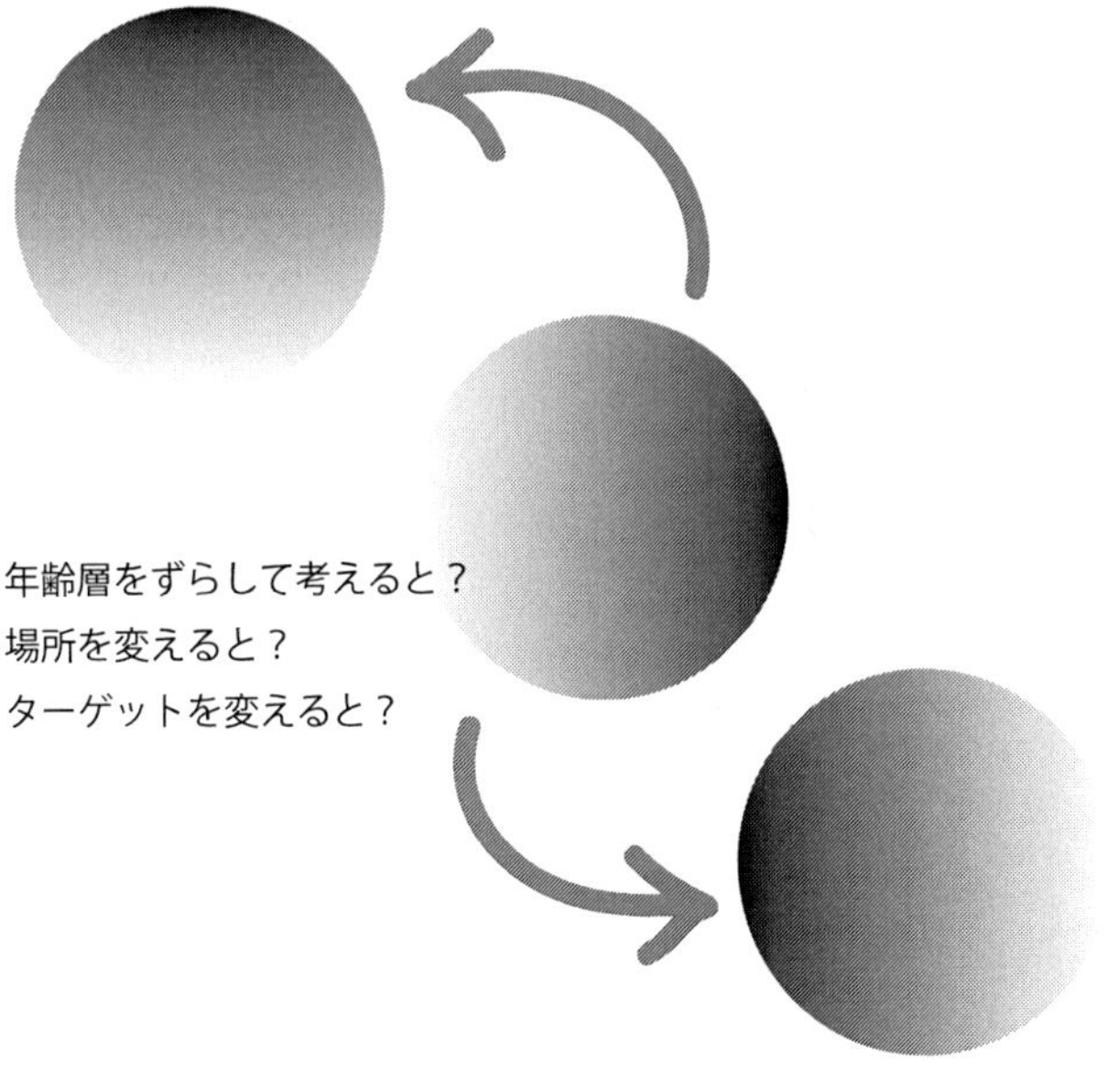

よって、クライアントの頭も活性化してどんどん**発想が出てくるように仕向けるのもプロデューサーの役割です**。スタッフみなさんがそういう思考になると会議も活性化して、こういうのはどうかなという意見があちこちから出るようになります。この瞬間に場がクリエイティブになります。

次にエクステンション法を行う上で重要なことがあります。それはエクステンションするのは一箇所にとどめておくということです。相手の要望を受け入れて、場所やターゲット、年齢などの中から一箇所だけをずらすのです。全てにエクステンション法を用いてしまうと違うイベントになってしまいクライアントの意図を否定してしまうことになるので注意しなくてはなりません。

このエクステンション法を知らない人たちのミーティングではブレーンストーミングの手法が数多く行なわれてきました。「さあ、みんなで思いついたことを書き出そう」と言って思いつくことを出していきます。しかしそれでは固定観念ばかりが全面に出てきてしまいます。発想をずらすことを最初から定義していないため、既存知識の持ち寄りだけになってしまい発想の転換には至りません。そしてここからは当たり前の企画しか出ず、クリエイティブなことは発想できないでしょう。このようなブレーンストーミングではマーケットのニーズに対応したイベントなどできません。だからこそエクステンション法を提案できるプロデューサーが必要になります。

エクステンション法を自然に行えるようになるためには日頃からトレーニングが必要です。自分の日常に置き換えて毎日数回次のような方法で行ってみてください。たとえば信号機を見て、この機械は交通整理をするだけのものと思っています。しかし実はもっと他の機能を付けることができるかもしれません。町中に必ずあるのだから何かできないかもうひとつマークを付ければこんなこともできるのではないか、矢印のところにこういうマークを入れたらどうか、何でもいいですからあるものを少しずらして考えるとどうなるか楽しみながらやってみてください。信号機にWi-Fiの機能を付けて携帯電話会社がアンテナの代わりに活用するとすれば某電話会社が1兆円のお金を出して電波の改善をするために土地を買収するなどといった発想は不要になるかもしれません。

発想の転換とはこのようなことです。ドアでするならば、ただ開けるだけなのか、ここにもしかして何か仕掛けができないか考えてみます。開けたときに涼しげな音が出る工夫をすることで顧客の関心を引くことも可能ですし、目線の高さに笑顔の広告を入れることによって好感度をプラスすることもできます。

これらの例のように**何か仕掛けができないか想像するだけでトレーニングになります**。たったひとつの発想でそれらができるようになってくることを知っているだけで何事においてもいい提案ができるようになります。

4

別の場所で輝きを増すトランスファー法

次に紹介するのはトランスファー法です。このトランスファー法というのは、**どこかですでに成功しているものを、場所を変えて行う発想法です。**

例をあげると関西空港から京都までの相乗りタクシー（MKタクシーのスーパーシャトル）の発想こそがトランスファー法です。普通に利用すると高い代金をとられるところを相乗りすることで安くするといったもので爆発的に人気が出ています。これまで相乗りのタクシーは日本では一般的ではありませんでした。ところが海外では当たり前のことです。ロサンジェルス空港に着いたら普通にホテルまでの相乗りタクシーが走っており、「あと3人来るまで待って」と自然にやり取りをします。この海外にあるものを日本で活かそうと生まれたのがこのタクシーです。

他にもいい例があります。日本の場合規制が強いために地方にしか自動車や二輪のレースを行うサーキットはありません。それを交通の便のいい都会に持ってくることで観客を増やせないかという発想から限定的な運営で、幕張などでドリフトレースが行われています。この発想もトランスファー法です。

さらに、**この発想を用いるといろんなことができます。**たとえば陸上競技のイベントで棒高跳びをもっと有名にしたいというのがあったとします。実際に目の前で見るとそのダイナミックさに誰もが魅了されるのですが、フィールドにわざわざ行って見る人はわずかしかいません。これではいつまでたっても棒高跳びは有名にはなりません。お客さんがなかなか来てくれないのであれば、大手町の歩行者天国でやればどうかと考えてみます（この陸上イベントは実際に私の友人が実施して世界中でニュースになりました）。場所を変えるというのは正にそういうことです。イベントに行く、イコール人が動くという発想しかこれまではなかったのです。それを人の多いところで行うという発想に変えたものです。

２０１２年にあった金環日蝕でもそうです。見られる地域が限られ、雲があるとかないとかで海外にまで行くなどして見た人もたくさんいたようです。しかしそうであれば、どこで見るかというよりもどこが晴れていて見えるかを教えてあげてバスをチャーターして移動することもできます。固定した場所で見ることに縛られ、晴れている場所を探して見るということが思いつかないためにこうなります。そしてその発想ができれば見るために移動するというエキサイティングな企画が可能になるはずです。

吉本興業がお笑い学校の東京校を作ったのも、バブル時代に都心にザウスという屋内スキー場ができたこともトランスファー法の発想です。関西のお笑いを東京でという発想はありませんでしたし、都心でスキーという発想もまったく思いつかなかったことです。

このように、**あるところでは当たり前のことが別の場所ではもっと輝きを増す**ということも知っておいてください。**自分自身のことでも実は既成概念にとらわれすぎているということを理解したほうがより楽しくクリエイティブに生きられるはずです。**日本人が一番陥りやすいのは何歳だから何をしたらダメという年齢にとらわれやすいところです。外国ではそんな概念はありません。

　同じようなことは日常生活の中にもたくさんあります。つまようじを与えられて歯をすくことしか考えられない人は多いはずです。インクさえあればそれがペンになることなんて思いもつかないのです。考えつかないだけで**世の中にはできることはたくさんあることを知っているのがイベントプロデューサーの使命でもあります。**それには固定観念を崩すことが大切です。失敗したくない人はその固定観念の中にこもりやすく大胆なことができません。みんなのためにイベントを大成功させたいと思うなら、クライアントをそこから引き出してあげる役割をするのもイベントプロデューサーの大きな仕事です。

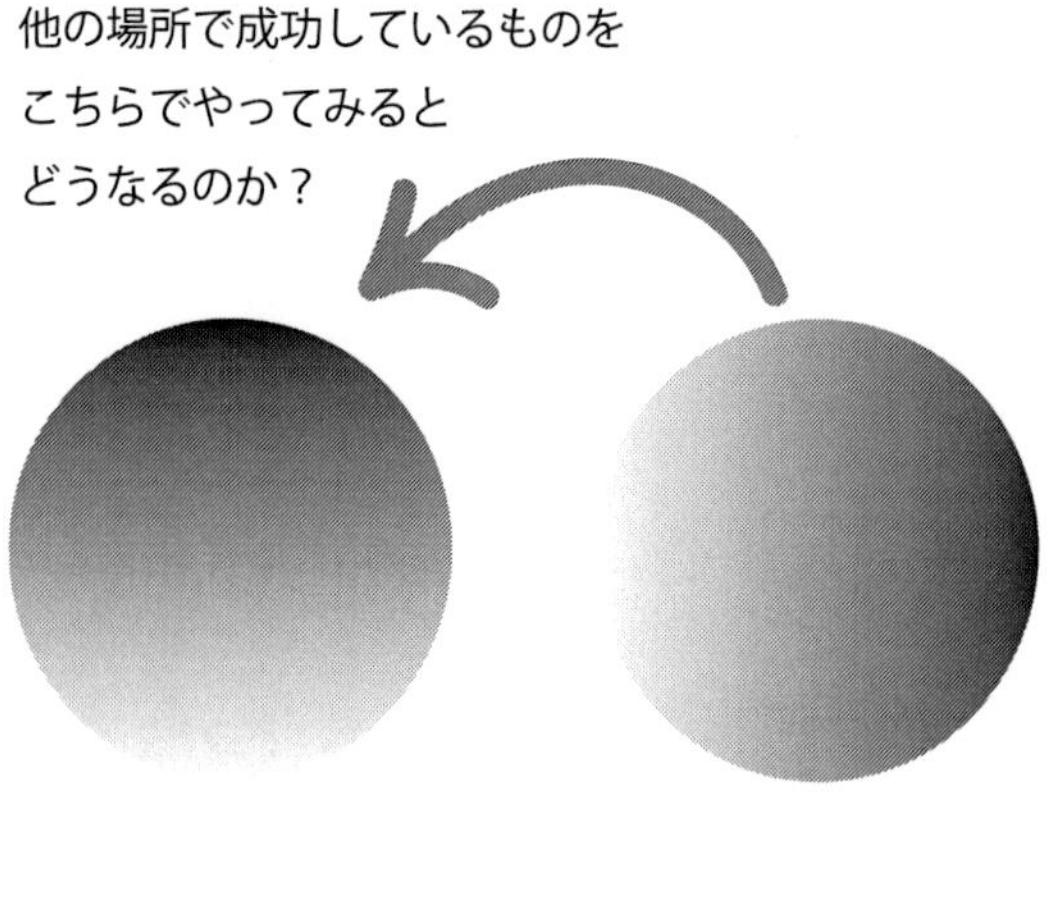
他の場所で成功しているものを
こちらでやってみると
どうなるのか？

5 マトリックス法で思わぬ発想が生まれる

Aの発想とBの発想を組合わせる発想方法がマトリックス法です。この発想法は**2つのものを組み合わせるだけの簡単な方法**だと考えてください。たとえば携帯電話とカメラを合わせることで写メールができ、ガラケーとスマホならガラホといった具合に組み合わせたものです。

これら組み合わせのマトリックスからどのような発想が生まれるのかわかりやすくするために、ここではドリンクの例を出して紹介します。

まず表を作り縦軸に色（黒・黄・緑・白・赤）を、横軸に味（甘い・辛い・酸味・苦い）を出してみます。たとえば黒くて甘い、黒くて辛い、黒くて酸味がある、黒くて苦いといったように考えていき、そこに位置するドリンクをコーヒー、コーラなどと当てはめていきます。その結果、ここに当てはまらない空間ができてきます。黒くて辛い、

	甘い	辛い	酸味	苦い
黒	コーラ			コーヒー
黄	オレンジジュース		レモンジュース	
緑	メロンジュース		オレンジジュース	青汁
白	ミルク		ヨーグルトジュース	
赤	イチゴジュース	唐辛子ジュース	トマトジュース	

黄色くて辛い、緑で辛い、白くて苦い、赤くて苦い……などが思いつかないことがわかります。ここに何か当てはまらないかと考えることから新しい発想が生まれてきます。コーラも最初は黒くて甘くて、とても変わった飲み物だったはずです。それがいまや世界中で一番飲まれているのですから驚きです。

通常はとんでもないものを合わせるということがなかなかできないはずです。ですからいろんなもので縦軸と横軸を作って考えていくのがひとつのきっかけになります。

身近なマトリックス法的発想で言えば、本屋さんにイスを置いて本を立ち読みではなく座り読みできる書店というのもあります。さらに発展してこのようなイベント提案はどうだろうかと考えてみます。書店にトイレを増やして一番売りたい本を並べてみたらどうかという発想です。トイレに新刊本を置いて自由に読んでもらうというこれまではありえない企画です。トイレでは全然読みたくない本でもついつい手に取ってしまうはずです。そう考えるとレジの横よりもトイレの方が広告効果が高いといえます。要はマトリックス的な組み合わせの発想です。**想像もつかない、誰も行っていないことを組み合わせることで新しい可能性が見えてくるのです。**

このような縦軸と横軸の考えを習慣づけてみてください。トイレ、リビング、キッチンを縦軸、テレビ、本、自分が売りたいものを横軸に書いてみます。そして、キッチンに本？　トイレに本？と考えていくわけです。すると思わぬ発想がそこに広がっていきます。

まずは縦軸でいろんなものを書き出し、横軸にまったく関係のないものを書いていきます。そこでこれはできる、できないと検証していくだけでクリエイティブな発想が生まれます

6

ホモロジカル法で新イベントの大発明

3つ以上の属性が組み合わさることで大発明が生まれやすいという発想法をホモロジカル法といいます。マトリックス法と異なるのは単純に属性を足していくというところです。サウナに行きたい、美味しいものも食べたい、マッサージもしたい、であればすべてが満たされる健康ランドに行けばいいとなります。スポーツジムにメディカルや食事管理を取り入れたらメディカルダイエットジムになります。この健康ランドやメディカルダイエットジムがホモロジカル法的発想で生まれたものです。

この**発想を行うときのポイントはマーケットの近いものを探って集めること**です。

たとえば年配の人たちが好きなものはいったい何か？

「巣鴨」「お孫さん」「井戸端会議」と思いついたとします。ではこの3つで何かできないか？

と考えていきます。考えられるのは巣鴨のどこかの場所で、テーブルを並べてお茶とおかしを置いてくつろげるようにし、子どもが喜ぶような内容のイベントにすれば大量集客できるのではないかと足し算のように考えていきます。

特定の層が集まりそうなものの中でまったく関係のないものを3つ以上ポンと合わせてみます。たとえばアイドルに会いたい人たち、イージス艦を見たい人たち、美味しいものを食べたい人たちといった、まったくニーズの違う人たちを一ヶ所に集めて何かできないかとイメージしていきます。そこにはイージス艦の一日艦長にアイドルを提案し、海上自衛隊にお願いして自慢の海軍カレーを楽しむというイベントを提案すれば多くの人が集まることになります。このような企画は何もないところからは生まれなかったものだといえます。たった3つの要素が合わさることでユニークなイベントが現実化していきます。

イベントに限らず発想の転換で「あれ」となったときに出てきたものの中に大発明が生まれることが多いのです。

7 当たり前から発想を生み出す気づき法

人間の知識は暗黙知と形式知で構成されています。誰に教えてもらったかわからない暗黙的に知っていることを暗黙知といい、勉強して得た知識やマニュアルなどで覚えた形式的な知識を形式知といいます。これから紹介する**気づき法はこの暗黙知を活用して発想するもの**です。暗黙知をもう少し説明しましょう。

人が暗黙のうちに知識として持っている、言語や文字にできない現象をいいます。もとはマイケルポランニーというハンガリーの哲学者が「我々は語ることができるより多くのことを知ることができる」と著書で書いたことに始まっています。具体的にどういうことかというと、自転車に乗ったことのない人もいつのまにかブレーキのかけ方を知っているということも暗黙知です。実際に人間の知識の中で暗黙的に知っていることは無数に存在します。たとえば物は上から下に落ちるということは誰でも知っています。そのような**暗黙的に知っていることを引き出して発想するのが気づき法の出発点です**。そして気づき、発想できるようになったらマニュアル化して形式知として知らせていくようにすればいいのです。

また、暗黙知を逆手に取る方法もあります。雨は上から降ってきますが、噴水は下から吹き上がります。これも誰もが知っている暗黙知です。このようにみんなの中で暗黙知だと思われているものを掘り下げて逆に考えると思わぬ発想が見えてきます。噴水はプールの中にあるものだと思っていることに対して、何もない地面からいきなり水が吹き上がるというような斬新な発想のものも実際にあります。この場合、水は下に落とすのではなく上で吸い取る方法を取ります。この現象はだれもが驚くものです。このように面白いことがあるのだと気づかせることもイベントでは必要です。

前述したようにクライアントにインタビューし、核になる要望を抽出していきます。そしてクライアントが当たり前だと思っている暗黙知も探ります。

たとえば服は身体を温めておしゃれするものという考え方を、虫除けには使えないかという発想もできますし、相手から身を守るプロテクターとなるかもしれません。イベントの趣旨に沿って、炭素素材の防弾チョッキみたいな服を参加者に配るのはどうですかと提案することも面白いかもしれません。このように**当たり前だと思っているものの暗黙知を崩していくのが気づき法です。**

ひとつの例ですが、ほとんどのイベントでは会場の中はすごく立派ですがエントランスは暗くてわずかな非常灯しかないという場合が多いものです。これも暗黙知を逆手に取って、エントランスに予算を使い、光の演出でタイムトンネルのようにしてみるとどうでしょう。ここをぐって入場するとそこに未来があるように演出するだけで気分は盛り上がるはずです。

また使うのが当たり前だと思われているものを少しずらして商品化すると面白い物ができます。目覚まし時計が鳴って起きるのは当たり前ですが、実は学習道具にもなるのではないか？と考えていきます。毎朝新しい英単語をひとつずつ叫ぶ目覚まし時計があればそれ自体が学習道具になるかもしれません。このように当たり前に思われる使用法から少し考えを転換していく発想も面白いのです。

さらに暗黙知は人や人種によっても違う場合があります。イタリア人はカプチーノのあと砂糖でバーボンを飲むというのが暗黙知です。国単位ではなく大阪人の暗黙知という地域ごとのものもあります。

暗黙知には先天的な暗黙知と後天的な地域や個人差による暗黙知というのが存在します。ひとつの先天的な暗黙知の例として、レインボーブリッジの上でみんなが車を停めてしまうというのは景色のよい所で停まりたくなるという暗黙知が人にあるということです。そのような先天的なものから後天的な**暗黙知を活用できないかとイベントプロデューサーは考えていかなくてはなりません。**レインボーブリッジで停車するのはダメというよりも、この停車する位置で何か別のイベントが行えないか考えるのが発想の転換です。この気づきから新しいイベントは次々と発想されるのです。

8 傍役がイベントを変える主流傍流法

発想法の中に主流傍流法というものがあります。これは企画段階で主流だと思われていたものが、あるきっかけで傍流が主役にとって代わるといったものです。

たとえばおばあさんたちが主役のイベントを考えているうちに、年配の人はニットが好きだという議論になり、このイベントはニットのイベントにした方がいいのではないかと変化させる発想法が主流傍流法です。

要は**主流にとらわれずにサイドに出てくるものを逆に主役に置き換えてみたほうが面白い場合がある**というものです。たとえば遺伝子工学の国際会議を行うよりも傍流だがアンチエイジングを主役にした会議を行った方が人が集まるのではないかと発想するのも主流傍流法です。

また実施していく途中で主従の入れ替わりもあります。フットサルやスリーオンスリーというスポーツの発祥もこの主流傍流法に当たります。フットサルは大きなフィールドがないとできないフットボール（サッカー）を小スペースでできないかという発想から生まれてきましたし、スリーオンスリーは数が少なくてもシュートをするという面白さだけを抽出してバスケットができないかという発想での中で生まれました。

両者ともいまや主流を脅かすほどの人気となっています。つまり、**傍役でも輝いているものであれば主役を食ってしまうほどのパワーが発生する**ということです。

このように面白い傍役がどこかに存在するのではないかと常に頭においてクライアントへのインタビューを行っていき、出てきた傍役を主役にしたほうがより面白いと提案するのもプロデューサーのテクニックのひとつです。

京セラという今では世界が注目する会社があります。元々は歯のセラミックを作る松風工業に就業していた稲盛和夫さんがセラミックの可能性はもっとあると考え、熱伝導の利用価値が高いことに目を付けて京都セラミックという会社を起業したことに始まりました。その後セラミックをＮＡＳＡに売り込み、いまでは宇宙船の外に貼る耐熱セラミックを造っている会社と有名になりました。まさに傍役から主役です。同様にＩＢＭからマイクロソフトが出て、マイクロソフトの技術を発展させてフェイスブックになっていくというような流れが世の中にはあります。この面白い傍役を見つけるのが主流傍流法です。

9 強制関連法でインパクトを強くする

みなさんの心の中には何かしらの思い込みがあるでしょう。たとえば「女の子は柔らかい」「男はごつごつしている」など、そのような**思い込みを破ることによって新しい画期的なイベントができます。**

たとえばニュータイプの書店として話題のＴＳＵＴＡＹＡには机とイスが置いてあります。中にスターバックスコーヒーも入店していて、コーヒーを飲みながらイスに座って売り物の本が読めます。それなのにここの売り上げはいいのです。通常の書店からすると立ち読みは禁止のはずです。机を置いたりイスを置いたりするのはかつての時代では考えられないものでした。本を立ち読みされるというのは、書店からするとあまり歓迎されないことだからです。このように書店とイスは合わないものの代表です。このように**合わない、無理だろうといわれているもの同士を何かのイベントでつなげていく発想法が強制関連法です。**

この発想法は対極にあるものを考えるところから始まります。

地方の町で行われる街コンは流行っていますが、参加者を既婚未婚問わずとしたらあっという間に定員オーバーになったという例があります。既婚者と婚活者の出会いというのは本来対極にあるはずです。しかし町興しとしては大成功となりました。

鈴鹿サーキットはこの発想法でF1イベントが成功しています。立地の関係でホテルが少なくて有名な鈴鹿サーキットですが、逆手の発想をして民家の空き地を駐車場として貸し出したらどうかと考えました。車で来る人が多いため、オートキャンプをしてもいいのではないかと考えました。そしてテントを張るといくらかかるという料金まで設定しました。本来騒音などに反対するはずの民家がこれを積極的に行いました。水を使ったらいくら、シャワーはいくらということまで決めて協力しました。実際これで何万人も参加者を吸収できただけでなく町にも経済的効果をもたらしました。

同様に相反するものの組み合わせで成功している例として漫画喫茶があります。喫茶店ではお客さんが長時間粘っては儲からないという考え方がありました。ところが漫画喫茶は粘れば粘るほどお金になる仕組みを作ったのです。

他にも例はたくさんあります。スウェーデンからきたイケアという家具屋さんでは、お客さんに製品をレジまで運ばせて、組み立てはセルフサービスをベースにしています。従来の家具店では考えもつかなかった発想でした。「もし組み立てを手伝うなら別料金がかかりますよ」と堂々と言っています。商品も平積みでまるで倉庫のままです。その代わりリーズナブルな価格設定にすることで集客し人気を博しています。

イベントにおいても逆の発想をするとインパクトが強くなり、自然といいイベントだと思われる方向に持っていくことができます。

クライアントが決定権者である場合はわりといろんな発想ができます。ところが、企業の中のひとりの担当者の場合、前任者とあまり違うことをするのを嫌います。さらにおもしろいことを行うために「お金は惜しまない」と言いながらも発想においては、従来のものを踏襲することしかできないのです。たまに変わった発想を提案すると喜ばれますが、そこに真逆のことをつなげていく提案をいくつか行うと、クライアントの目が輝く部分も出てきます。そこに注目して提案を広げていくと面白いイベントになります。

強制関連法においては、**リスクは伴いますが大成功をおさめる可能性も高く、魅力的なイベントになる可能性がある**ことを伝えて協力してもらうことがプロデューサーの役割です。そしてクライアントが納得して行ったイベントが話題にもなれば、イベントとしても成功することになります。

10 マイナーチェンジ法で革新的に変える

過去にあったイベントを継続する場合などに基本の内容をあまり変えることなく、一部分を変えるだけのシンプルな発想法がマイナーチェンジ法です。

色でいうと黄色をオレンジに変える程度の感じだと考えてください。ただし、**マイナーチェンジ法であるからといってただ少し内容を変えただけというのではなく、少し変えることで革新的に進化した状態になることが求められます。**

平安時代、京都で流行した遊びとしてばい貝の殻に砂や粘土を詰め、ひもで回したのが始まりだといわれている「バイゴマ」が後に鋳鉄製にマイナーチェンジし「ベーゴマ」となりました。さらに現代のおもちゃメーカーがそれを改良して「ベイブレード」という現代版ベーゴマを作り大ヒット商品になったというのもマイナーチェンジの成功した例です。

倒れ方に点数をつけてルールの競争性を高めることでよりエキサイティングなものに変わりました。このように**ほんの少ししか変えていないのにインパクトがある**のがマイナーチェンジ法の発想です。

クライアントへのインタビューでその要望に対して逆らわずに「その通りやりましょう。しかしここは少しだけこうしましょう」と提案するのがこの方法です。私が実際行ったサーカスイベントで言うと「もうサーカスは時代遅れだからやめておきましょう」と言うのではなく、どのように見せ方を変えるかを考えます。たとえばシルクドソレイユのコルテオというショーでは、幕開けと同時にいきなり今際の際の老人がベッドに横たわっているシーンから始まります。そして老人の頭上には空中ブランコが飛び交い、美しい女性が次から次ぎへと舞います。老人がかつて愛した女性たちをイメージしたであろうこのシーンに観客はグッとショーの中に引き込まれていきます。ここにかつてなかったエンターテインメント性あふれるショーアップしたサーカスが実現し、大成功しました。

このシルクドソレイユの成功例こそマイナーチェンジ法といえます。従来、サーカス興業に対しては旅芸人の見せ物的な何か暗いイメージが付きまといました。

そのサーカスの世界に高級感と練られたシナリオ、きらびやかな衣装などの演出で豪華なショーにまで仕上げたのです。このように一見時代遅れのもののようでも、**構成や演出を少し変えるだけで新しいイベントとして成立する**ものはたくさんあるはずです。それらの提案をいつでも適格にできるのがこのマイナーチェンジの発想法です。

11 同質化戦略法で次回開催を盛り上げる

過去に行われたイベントを再度行う場合によく使われる発想法が同質化戦略法です。これは前回を模倣して、少しだけ向上しようというものです。

異業種交流会や出会いのパーティーなどであれば、2回目の開催で変化を付けようと思うならばゲストに芸能人を入れるだけで場が華やぎ盛り上がります。またパーティーで愛犬を連れてきてくださいというのでもいいかもしれません。犬好きは犬が大好きですから自然とお互いに会話が弾みます。集まった時点で仲良くなる要素が満載であるため盛り上がり方が違います。

そしてこの発想法で大切なことは、**過去に行われたイベントで成功した試みを取り入れながら行う**ということです。質は何も変わらないが「なるほどそういうこともできるのか」という発見があれば成功です。

たとえばイベント会場の出入り口をあと二つ増やしましょうというのでもいいわけです。それで前回よりも迅速に人の誘導ができたというだけで成功といえます。お店であれば軒先で休めるようにイスを出しておくだけでも変わります。それだけのことでみんなが座る場所ができ、店先の雰囲気が随分変わります。そして店も話題になるのです。マイナーチェンジほどチェンジはせず、**過去の実績を少しさわるだけ**というのがこの同質化戦略法です。

同時にマイナーチェンジ法のように質を変える部分が何もなく、プラスアルファの付け足しだけで行うためにクライアントに受け入れられやすいものといえます。そしてこの手法はクライアントの中で過去のイベント実績に絶対的な自信を持っていて変更を好しとしない場合にかなり受け入れられやすい提案方法といえます。

12 本来の目的を特化するコンセプト展開法

このイベントのいいところはここですと特化する発想法がコンセプト展開法です。何かの商品の場合であればこの部分の良さを強調して売りましょうと提案するものです。

みなさんがよく知っているカルピスという会社は一度経営破綻しています。あるときさまざまな食材に手を出して総合食品メーカーになろうとしました。しかし餅は餅屋というようにカルピスはカルピスで攻めたらどうかと考え直し、その結果復活を後押ししたのはカルピスソーダという商品でした。このように**自分たちの持分の中で特化した部分を絞り込んで戦略を練る**というのがこの発想法です（一般的にはランチェスターの法則ともとらえられています）。

開催場所の特色やクライアントが持っている基本的なイメージは何かを考えることから始まります。イベントにおいて絞り込まれた特徴は何かを考えるときに、その開催地が高原であれば、そこに抱くイメージを考えます。参加者は景色の美しさを期待に来るのかと想像します。その場合いろんなことを提案するよりも「涼みに来ませんか」と言うだけでいいはずです。その部分を中心として、どれだけ気持ちよく過ごせるかというのを町のイベントの中心において、居心地の良さを売りにすればいいのです。

つまり核になるテーマを掘り下げるのです。あれもやりたいこれもやりたいというよりも、**資源と資本の限られたものをどこに注ぎ込むのかを決めて特化する**のです。

たとえばイベントを行うこの町には年配の人が多いとします。そうであれば巣鴨にあるような年配の人が好むニットのお店を作ろうとか、和菓子屋さんを出店しようとかそういうものを繋げていくのです。いろんな人に来てもらうことを狙うのではなく、この年代の、この人たちに来てもらうというのが町にとって一番雰囲気に合うと発想していきます。若者の集まる町とか出会いの町という発想は切り捨て、このイベントにおいては限りなく昭和の雰囲気を醸し出しましょう。ノスタルジーでいきましょう。というようにイメージに合ったコンセプトを出して、そこに集中していきます。

この方法のいいところは、提案をしていくうちにクライアント側が結論を出していってくれるところにもあります。自分で導かなくても「私たちはこういうことをやりたかったのだ」「そういえば私たちはこういう層に来てもらいたかったのだ」と本来の意見がどんどん出てきます。住民の年齢層の高い町だったら、先ほどの強制法もからませて孫世代の子どもに来てもらったらどうだろうか。それならば家族で来て、おじいさんとおばあさんが子どもを遊ばせてあげて、親たちは別に遊びに行けるような「遊びの園」のようなものを作ればどうだろうかと発想は広がります。

このようにある特定の層を描いて、そこで企画しながら孫という世代もからめていきます。そうすることで動員も増え、イベントとしての成功が見えてきます。

コンセプト展開法というのはクライアントの希望を極限までそぎ落として、クライアントの本来の目的を気づかせてあげるのが大きな到達点です。

第３章

イベントの実行

1 開催場所は現地調査で決める

イベントをプロデュースする上で次に大切なのは、開催場所の候補を探し出すことです。ネットで探す方法をとっている人もいますが、**イベントを間違いなく成功させるためには実際に現地調査を行うことが重要です。**これをインスペクションといいます。実際に現地を知ることで大きなヒントを得ることができ、イベント時の大きなリスクを見つけることもできます。さらにイベントにおける別の可能性を見つけ出すといったアイデアのキーにもなるわけです。

イベントプロデューサーになりたい人には**「頭で考えるよりも足で考えろ。まずは目で見て歩き回って現場の人の声を聞きなさい」**と伝えたいのです。このようなインスペクションをすることによって多くの情報を収集し練り上げることで、そのイベントが成功するかどうかのイメージがさらに具体的に湧いてくるはずです。

インスペクションを行う上で注意すべき項目は3つあります。

1つめはリスクを見つけること、2つめは可能性を見つけること、3つめが付帯の要素を発見することです。

かつて私がイスタンブールで電気メーカーのイベントを行ったときのことです。事前に現地会場の設備や内容を電話で聞いて、さらに詳細資料もそろえて完璧だと思っていました。ところが実際に行ってみたら周りが道路工事をしていてバスが入れないことに気がつきました。これではアクセスが分断され、イベントとして成立しません。しかも迂回どころではなく、かなりの距離を歩いて行かなくてはならない状況でした。同時にもうひとつ気づいたことが、開催日がイスラム教のラマダン月の最後にかかっているということで食料品がなかなか手に入らないということでした。この事件で、手元の資料だけでイベントを行うということには潜在的なリスクがひそんでいるということを学びました。

では国内で開催する場合はどうでしょう。まず現地には必ず見に行く必要があります。そして様々なリスクも考えます。インターネットで調べるだけでなく現地で町の掲示板やポスターの告知などで何があるか、また近隣施設の状況などの情報も必要です。国体が行われていて渋滞している。近くで大きな運動会をやっているために駐車場が足りない。お祭りの行列があって交通規制があるなどイベントの告知だけでは読み取れないような情報収集も現地で行います。

次に考えるのはアクセス状況です。会場までの交通機関はどうなっているのかを調べます。たとえば近くに駅がない場合は確実にシャトルバスを出す必要があります。アクセスがあったとしても、その時間帯に対応できているか、列車やバスのダイヤが少ない場合のリスクを考えて対策を想定します。

さらに搬入搬出のリスクも考えます。行おうとしているイベントに対して**搬入搬出の経路が確保されているか、広さは足りているか**を見なくてはなりません。イベントによっては大型のピアノなどを搬入する場合もあるために、搬入用エレベーターは使えるかなどもチェックしておく必要があります。

次に、**人の流れの誘導経路も考えます。案内地図や案内標識は分かりやすいかも確認が必要です。**中には地図があっても迷うといった会場もあります。その場合は誘導の人を立たせるなど対応策を考えておきましょう。

会場を視察するときに同様に考えなくてはいけないことは、その場の雰囲気を肌で感じられるようなイベントにするための方法を考えることです。良い例ではマレーシアのセパンサーキットでのスーパーGTレースの会場設営が挙げられます。導線にフラッグをたくさん立てて人を入場口へと導いていきます。これは入場者を非常にわくわくさせる雰囲気を出しています。

プロデューサーは現地を見ることで会場自体が持っている雰囲気を肌で感じ、ここにはこれがある、これが足りないとチェックをして最適な演出を導きだしていくものです。

もうひとつインスペクションで**大切なことは、アウトドア・インドアどの会場で開催するにあたっても実際の開催時間帯に合わせてチェックするということです。昼と夜で会場や周辺の雰囲気の違いや、暑い寒い雨が多いなどの季節もチェックしなくてはなりません。**

周辺や近所がどういう協力をしてくれるのかといったことも現地調査で行っていきます。また、現地にスタッフ募集の環境はあるのかどうかも事前に調べておきます。地元の自治体などが人材募集の協力をしてくれるかどうか、音響などのスペシャリストは確保できるのか、機材はあるのかなども必要に応じて調べます。また会場に懇意にしている業者があるのかも気をつかうところです。

同時に会場内のインスペクションも行います。会場施設にはインターネット環境があるか、携帯電話が通じるか、バリアフリーの対応はあるか、演者さんたちの控え室があるか、小会場や小部屋はあるのかなど事前の準備として必要に応じて確認します。

さらにイベントでは**人を集めることを考えているばかりではなく、その後に起こる問題は何かも想定しておかなくてはならない**でしょう。トイレの数もそうですし、閉館時間なども調べなくてはなりませんし、空調のチェックやイスなどの備品の数や必要なものがあるかどうかもチェックしなくてはなりません。床の重さは何キロまで耐えられるか、電源容量はどれくらいあるか、キッチンは使えるのか、館内と館外のレストランのキャパはどれくらいなのか、これ以上考えなくてもいいというくらいシュミレーションして、必要なものが揃っているかを事前にチェックしておきます。

会場によっては面白い施設を持っていたり、隣接に変わった施設があるなど活用できそうなものがある場合がありますが、これも現地に行ってみないとわからないことです。現地に行き「あの壁に映像を写したら面白いじゃない？」と案が浮かべばそれが出発点になります。

2 プロジェクトマネージメントの必要性

次は実行プラン作りについて説明します。

インタビューによりクライアントの要望は聞き出した後それを基に実行プランを作っていきます。ここで必要なのがプロジェクトマネージメントという考え方です。

物を作る場合であれば準備にはどのくらいの時間と工程が必要であるかを計算して、その結果製品の完成には3年であるとか2年であると想定します。ところがイベント実施の場合の多くは先に開催日を設定するところから始まります。従って開催日までの準備期間にやることを綿密に決めなくてはなりません。**何を効率良く行うのか、できるだけ無駄を省いていくのがプロジェクトマネージメントです。**ですから物作り出身のプロデューサーは戸惑います。なぜかというと切り捨てることができないからです。イベント計画で大事なことは何を切るかです。無駄な作業は極力しないことです。この点がイベント業と世間の製造業や小売業と違うところです。

実際にプランを立てるときには一度開催日を無視して考えてみます。そしてクライアントの要望を全部聞いて、その要望に近いプランを作ります。すると実際の開催日は7ヶ月後であるのに要望を全部聞くと3年かかることがわかります。このようにほとんどのイベントがクライアントの要望を100%聞くと開催ははるか先になってしまうことになります。

次にこの3年をどうやって7カ月まで圧縮するかを考えます。1回組み上げたプランに対して今度はパズルの組み合わせをして無駄を洗い出します。そのパズルの組み合わせのポイントは3種類です。**期間的な組み合わせで圧縮する方法、機能的な組み合わせで圧縮する方法、そして要員で乗り切る方法**です。

プロジェクトマネージメントの考え方というのは、それぞれの仕事に関して3種類の仕事に分けられます。**同時期に始めないといけない仕事、同時期に終わらないとならない仕事、ひとつの作業が終わらないと次の作業が始められない仕事**です。そうすると3年のプランというのは、ほとんどの場合は仕事の羅列の積み上げで作っていることが多いのです。ところがよく見ると同時にスタートできる仕事がいくつかあります。この仕事とこの仕事は同時にスタートできるのではないか、同時にはスタートできないが同時に終わらせるようにすれば期間が短縮できるのではないか、そうするとほとんどの場合が何分の一かに圧縮できることになります。

ところが多くの人はこのような考え方をせずに徹夜して頑張ろうとします。1つの仕事が終わってから次の仕事を始めるというやり方ゆえ、全員で残業しているのに暇なデスクがあちらこちらにできます。この仕事とこの仕事は同時にできるとか、同時に終わらせるというそれぞれを関連付け出来るプロデューサーがいないとこういうことになります。

作業の中で次に考えるのが機能性です。**あらゆるものの使い回しが出来ないかチェックが求め**

られます。ひとつの例をいうと、イベントの参加者が名前と住所の登録をするとします。それを宿泊を請け負うホテルに送ればとホテルは自分たちの使いやすい形に変換します。航空会社にそのリストを送れば彼らもそのデータを使用することが出来ます。ここにいくつ同じ作業があるか考えてみてください。事務局が入力する作業、ホテルの作業、航空会社の作業の3か所で同じ情報処理が行われるところを共有することが出来れば作業が短縮されます。

最新の考え方ではどういうやり方をするかというと、最初に全部のレイアウトを作ってひとつのデーターベースに入力します。一番いいのは参加者に入力してもらう方法です。レイアウトだけ作成したものをWｅｂ上で入力してもらうのがいいでしょう。そのようにして出来たデータを、航空会社であれば自分の欲しい部分だけダウンロードすればいいこととなります。同様にそれぞれの会社や部署は欲しい情報だけダウンロードすればいいだけです。

無駄は他にもたくさんあります。事務局でAの印刷をして、クライアントでBの印刷をするということが起こります。しかも印刷会社も異なる場合があります。さらに宣伝のセクションでは、Cの印刷会社に頼んでポスターを刷り、実行委員会はDの印刷会社に頼んでプログラムを印刷しているというようなことをよく目にします。全部印刷関係なので統一すればいいはずですが、ここでは4社が入り大きな無駄が発生しています。

なぜこういうことが起きるのでしょうか。日本では業務を分化するのがあたり前になっています。旅行に関しては旅行会社、通訳は通訳会社、印刷は印刷会社、コンベンションの運営に関してはコンベンション運営会社とそれぞれに分けて発注します。それぞれが利益を出さなくてはならないために予算も人員もふくらむのです。だからこそイベントのプロデューサーは基本になるスタンダード（やり方）を決める必要があります。そして**プランを作った中で無駄の排除をしていかなくてはならない**のです。

イベントでよくある無駄は何かというと、ウエルカムレセプションとフェアウェルパーティーの開催方法です。だいたいは主催が違い、ウエルカムレセプションは地元の委員会がやり、フェアウェルパーティーは中央の委員会がやるというのが多いのです。そこで問題になるのがバンケットルームの中の大きなタイトル看板です。それを会場のホテルやホールごとに別々に作らせています。同じようなものを重複して作って一回ずつ廃棄しています。ここでプロジェクトマネージメントをすることによって、期間の無駄とコストの無駄と作業の無駄をチェックしなくてはなりません。

日本で多いのは「よーいドン」と始めて、やがて行き詰っていきます。そして無駄が発生しているところに対し徹夜で乗り切ろうとします。多くの日本の人は8時間を越えた残りの時間も有効な使える時間だと思っています。睡眠時間というキラーツールを使って乗り切ろうとします。それをすることにより、身体も心も人間関係も壊れていきます。

これはしっかりした実施計画を立てていないから起こる現象です。**内容のチェックを綿密に行**

うことで実は何倍も時間を有効に使えるはずです。同時にコスト面にも余裕ができるはずです。要員費を削ってスタッフルームに空気清浄機やドリンクセットなどを入れることでどれだけ環境が良くなり、作業効率が上がるかわかっていないのです。

プロジェクトマネージメントでは、効率を上げるために要員の休みも考えなくてはなりません。自分の作業が終わって他の人の作業が終わらないと自分の次の作業ができない場合はその合間に休むのはあたり前です。それらを考えて要員を休ませるのもプロデューサーの仕事のひとつです。これもすべてしっかりしたプロジェクトマネージメントができるからこそ可能になってきます。

3 現実的な実施計画を作る

ここまででどういう段取りで実行プランを進めていくかがわかったはずです。しかしプロジェクトは**計画するだけでは未完成で、実際に実施可能な計画でなければ意味がありません。**どこをどう詰めても3日かかるであろう作業を1日で済ませるというのでは計画とは言えません。1日で済ませたいというのは運営管理者としての希望的な要望であって、何の根拠にも基づかないものです。

Aという作業とBという作業の間に無駄な空白の時間が3日間できるとします。するとこの3日の間に何か他のことを行えないかと考え、無理やり別の作業を入れがちです。そこで保留にしておいた10日間かかる作業をこの3日間に押し込んで済ませようにと指示を出します。これこそよく言う業者泣かせの押し付けです。そこで業者は3倍速の24時間をフルに作業する計算でこなすしか方法がなくなります。当然そこには無理や不備、手抜きが出てきます。

これでは100％ではなく、骨組みだけができている仕事になってしまいます。これが建築業であれば、短期間で寝室を造るという無理な仕事で、期間の間に想定していた寝室ができなかった場合、結局寝ることだけができるスペースをなんとか造ります。業者はこの寝ることだけができるスペースを「寝室です」と提出して終わってしまうわけです。しかしそれは快適性がなく予定していたものではありません。業者を急がせることによって本来の計画の中から切り捨てていることが山ほど出てきます。しかし納品する側からすると、無理をさせられているから張りぼての壁を造ってごまかしているのはしょうがないことになります。このごまかしをチェックできる人がいればいいのですが、なかなかそうはいきません。それ以前にチェックができる人がいれば最初から3日間で完成してほしいとは言わないでしょう。**現場をよく知らないために計画表の空きだけで業者に対して無茶を言えるのです。そのために業者はごまかし技を使います。その結果その箇所で問題が発生するリスクが高くなるのです。**

先述したように、ひとつひとつの作業工程には相関図に基づいた実施計画がありますが、さらに資金計画や告知計画という大きな部分に関しても相関図をベースにした実施計画が必要になります。ここでしっかりと実施計画を作っておくことがプロデューサーとして重要な作業なのです。プロデューサーの**シミュレーション能力さえ高ければ実施計画は無駄なく作ることができるはずです。**

無駄のない実施計画を作らずしていきなり作業に入るというのは本を書くために何を書くか決めずに書き始めるようなものです。どういう方向に行くかまったく見えずに作業を行うとやがて行き詰ることは目に見えていることです。

以上のことからイベントの準備を進めるにあたって、何が必要で何をすべきかをしっかりシミュレーションして実施計画を立てることがいかに大切かがわかったはずです。

4 無駄は業種間の会議でカットする

プロデューサーになって最初のうちは、イベントの実施計画を作る作業に3日かけても10日かけてもいいのです。この間にじっくり練られた実施計画が何年もの無駄な時間の短縮になっていくからです。
仮に、最初に急いで立てた計画では計画上3年かかる作業が、時間をかけて機能チェックを綿密にして詰めていくと1年半ぐらいでできることがわかります。

3年かかる計画を要員の休憩などを入れながらも、1年半でできるのなら、最初の何日間かスタートを遅らせてでも実施計画をしっかり練ることのほうが大切です。

プロデューサーがプロジェクトの実施計画を作るときに必要なことは自分の目線だけで考えてはいけないということです。自分が30日間休まずに働けるからといって要員も同様に30日間働かせるといった無理なプランは考えてはいけません。

スタッフによい仕事をしてもらうためには、しっかり休憩させながら実行しなくてはなりません。それには1日8時間労働をベースに物事を考え、残業をすることなく実施計画を考えなくては現実的な計画とはいえません。

実施計画の無駄をカットするときには、業種を考えずに何を優先することで効率が良くなるかを考えます。これは旅行業の仕事だとか、これは航空会社の仕事であると決めつけないことです。もともと日本は縦割り行政が好きなので、無駄足を何度も運ぶことに疑問を持たないのです。ミクロではなくマクロの立場でものを見るようにしてください。実際に大きなホテルでは効率よく運営をしています。たとえば、ビュッフェの朝食を５００人分作ったが３００人しか来なかったからといって破棄するということはしません。浮いた200人分はできる限り作り直して昼食に回します。一見せこいようですがこの考え方はイベントのプロデューサーとして必要なことです。多くのプロデューサーはスタッフの朝食は朝食で発注して、昼食は昼食で発注し、夕食は夕食で発注しています。多めに発注しているだけでなく食べない人もいますから、当然無駄が出ているはずです。これでは全体の中でものを考えているとは言えません。（予算が湯水のようにあるなら別ですが）。ここで優秀なプロデューサーなら頼んでいるレストランなどに、朝食で余った食材は昼食に回してコストを削減するお願いをしているはずです。

先述の顧客データの話もそうですが、それぞれの業種が個別にデータを入力するという無駄をどのように省くかは業種間をまたいだ会議を1回する必要があります。会議では重複するデータの入力をどう処理していくかを検討し、その結果無駄が省かれることになります。この会議をするまでは、それぞれの作業主はプロ意識が高いために自らが率先して他の業種に対しての業務に口を挟むといったクロスオーバーをすることがほとんどないため、**プロデューサーが率先して全体の無駄を削減する指示をする必要があります。**

5 実施計画を円滑に作る

プロデューサーによって得意なイベントと不得意なイベントがあります。告知の必要のないイベント中心の仕事を行ってきたプロデューサーは、告知計画に関してはあまりわからないはずです。しかしプロデューサーである限りどのようなイベントにも対応したプロでなくてはなりません。新しい分野のイベント実施計画を練るときには、まずは頭の中でイメージできる範囲でわからないなりに基本プランを作ってみるといいでしょう。

もうひとつ実施計画を作るときのポイントは、まずは関係者を集めて会議をせずに自分ひとりで作ることです。**最初に自分だけで作り、再度練り直した叩き台を基に会議をする方がわかりやすくなります。**

なぜ会議を最初にしてはならないかというと、各担当委員を集めて会議をした場合、発言力の強い人や年上の人、もしくは予算をたくさん持っている人のプランが通りやすくなってしまうからです。あるイベントでは本来は告知が大切なはずであるのに、その後の現場実施運営の人たちが力を持っているがために「ここは何月に始めないと絶対に無理です」と言い始めます。たとえば10カ月後に立ち上げましょうと言い出した場合、告知の担当者は告知するための期間がなくても従わざるを得ません。その結果、集客に不備が起こりイベントは失敗してしまうでしょう。

プロデューサーは、全体会議の前にこのようなトラブルを避けるため人と個別にミーティングをします。このときに大切なのは「全体のプランを練っているところなので意見を聞きたい。しかしあなたの思い通りにはいかないかもしれない」ということを伝えておくことです。この個別ミーティングをした結果を再度自分ひとりでまとめて実施計画の素案を作ると関係者にも納得いくものができるはずです。

6 概念にとらわれない実施計画案

綿密な実施計画により無駄が省かれて、開催までの準備期間が3年から1年半に短縮できたとします。それでもクライアントからはさらに実施は7カ月後にできないかと要求されたとします。ここで次に考えるのは力技しかありません。そこで**物と人のさらなる投入でスピードアップできる方法を考えます。**

データの入力作業で1カ月かかる計画を見て、2人で行うところを4人で行えばどうか考えます。事務局要員をこの期間だけ増員し、コピー機を短期で3台入れたらどうかとシミュレーションしてみます。このようなことでさらに期間を削れることがわかります。

しかし実際の実施時期は7カ月後ですから、今度はクライアントと詰めなくてはなりません。現在はクライアントの要望をすべて入れたプランを作っていますから、クライアントと話し**どの要望が重要なのか、何を切り詰めるかを探ります**。展示会に力を入れ、会議にも力を入れ、物販にも力を入れていると、本当は会議の成功が目的だったはずが、全体がぼやけてしまい中途半端なものになってしまいます。まず会議がメインであるなら展示はキーノートスピーチの人の補足的な展示がいいでしょうし、物販も関連商品に絞り込んだほうがいいことを提案します。

なぜこのように全体の要望を聞いた上で要点を絞り、いらない部分を削るように持って行くかというと「最初からこれは無理ですよ3年かかります」と言うプロデューサーはプロとは言えないからです。「3年かかるものをこういうやり方とこういう工夫で1年まで縮めました。その代わり要員を増やしたので予算はこれぐらいかかります。期間もこれだけ圧縮しても、まだこれだけかかります。そのためにはこのように仕事を組み合わせています。これでも無理なので、7カ月後に開催するには何をどう削っていくかを決めましょう」と話ができればプロデューサーとして一人前です。

クライアントの中には開催日が絶対でない人もいるかもしれません。1年後でもいいから全部やってほしいという人もいます。こんなに詰めて人を投入して1年にするのだったら、人や予算を増やすことなく今の体制の中で1年半後の開催でいいというクライアントもいるはずです。

要は**最初に完全なプランを練ることによってできないからこれでやりましょうという提案をすることで、クライアントに対して期間をずらしたり、予算を変えられるオプションをいっぱい挙げられるわけです**

このようにできないからやらないのではなく、常にクライアントに対して選択肢を持たせてあげることが実施計画の提案では大切です。しかしながらやはり期間があってという場合が多いため、そこは削っていくことに慣れる必要があるでしょう。

次に知ってもらいたいことは、概念にとらわれるプロデューサーはいい提案ができないということです。よくある例えですが「パーティを開催する」＝「ホテルのコンベンション施設を利用する」という選択をしてしまうと、数限りあるホテルの中からしか場所を選べなくなります。「パーティ」＝「ホテルの会場」という概念を壊せばもっとユニークなサイトで、ユニークなパーティを開催することも可能になります。

私が手がけた掛川城の敷地を使ってのイベント企画はまさにいい例です。海外ではお城でパーティというのはよくあります。しかし日本ではお城側が主催でない限り、そこをイベント会場として使用するという考えすらありません。

このときのクライアントは皇居でイベントをしたいというのが当初の希望でした。当然その場所は無理です。しかしそのような日本的で人をあっと言わせるような空間が要望であることがわかりました。そこで各地を調べて候補に上がったのが掛川城でした。

プロデューサーであるならば、**常識にとらわれない提案をしながら核になるプランを作らなくてなりません。**結果、掛川城ではまるで日本のお祭りのようなイベントが実現しました。このようにまず概念にとらわれない発想を常に心がけるのも大切な仕事なのです。

7 イベントはストーリーで考える

イベントプランを作るときに気をつけなくてはならないことがいくつかあります。

新しいプロデューサーは前回のイベントを行った前任のプロデューサーを否定することが多いのですが、プランを練るときに否定ばかりしていては実行が難しくなります。**円滑に進めるためには、前任者が行った仕事の作業分布図を再度作ってみて良いところは残し、悪いところは修正して部分否定にするのが正しい方法だといえます。**

次に大切なのは、作業図はただの表であると認識することです。なぜならここにはストーリーがないからです。5000人集めるイベントであれば、クライアントは単純に5000人集めて儲かればいいと発想しがちです。しかしプロデューサーはクライアントに対してこのイベントはその5000人を使いながら今後どのように発展し、つながっていくかというストーリーを作って提案しなくてはなりません。

現実に5000人もの人が集まることによって、ひとつのテーマができたのは事実だからです。プロデューサーならば**ここで終わりにするのではなく、将来的にさらに発展させるというストーリーを作っていかなくてはならないはずです。**クライアントへのインタビューもしているわけですから、核になるクライアントの生き様とかやりたい方向をストーリーに活かして次回につなげることでクライアントの心にも響きます。それがやがて毎年恒例のイベントになっていくということもよくある話です。

ストーリーを考えずに単発でイベントに挑戦すると毎回1からの出発になり、発展も出来ません。悪い例があります。オリンピックなどのビッグイベントで、日本での運営権を獲得するために広告代理店は準備事務局を作り、必死に営業活動をします。しかし獲得できなかった場合事務局は解散し、業務は終了します。

本来オリンピックイベントというものには流れがあり、経験値を積み上げることで次回の開催に関われる可能性が上がるはずです。それを次回開催に合わせて事務局をまた1から立ち上げていては経験値が継続できないため、なかなか獲得は難しいでしょう。

オリンピックというイベントを一過性のものであると捉えて数十年もしくは百年に一度というスパンで業務が発生したときだけに動きだすというのはストーリーのない考え方です。実際には4年に一度世界のどこかの国で開催され、予選も発生し、さまざまな選考会も発生するわけですからそれらを全部つなげて**壮大なストーリーを作りながら全体の流れの中でプランを練り、経験値を持った人を次から次に使い回せるようにすることが正しい計画だといえます。**

このように多くのイベントは単発的に動くことが多く、ストーリーが少ないといえます。本来プロデューサーの業務としては、**ストーリーを作ることでメッセージ性をより強く伝えるだけでなく、季節労働者的な動きではなく恒常的な業務の推進を進めていく戦略的な動きを作ることが大事です。**

8 プランには資金計画が必要

次にお金とプランの関係性について述べます。お金についてては金額だけでものを考えがちですが、実は**お金には時間軸が重要である**ということを考えなくてはなりません。

イベントの計画段階では、入金がいくらでこれくらいかかるから利益はこれだけというのを先に出します。しかしこれだけでは資金計画としてはざっくりとした不十分なものです。

イベントプロデューサーとしては、そこに時間軸を入れて**どの時期にいくら入金があるか、出金はいついくら必要か、という時系列に沿ってお金の出入金の資金計画を立てておく必要があります。**

「プロデューサーの仕事の大半は資金繰りだ」と言い、机上の貸借対照表での入金と出金だけを重点的に行っている人がいますが、それは間違いで、実施計画を遂行していく管理者であるということを自覚して仕事に臨まなくてはならないはずです。ところが現実には資金計画に追われる場合が多いことも事実です。紙に書いて収入と支出のみを資金計画表の中に書き込むだけで、立体的な時間軸を把握しないまま進んでいくからです。そのために、あるときは資金がショートし、また別のときには資金が余るといった状況が起こり、常に資金繰りに振り回されることになります。

ではなぜプロデューサーが資金計画に追われるのかというと、プロデューサーは決裁権を持っていますが、同時にクライアントに対しての報告義務もあります。そのために出入金の管理だけで仕事を追われていくということがあります。実施計画の遂行お金の件で案件が山積みなのに、更に頻繁に電話がかかってくるというのが現実です。

お金には不思議な力があります。仕事の発注会社に月頭に100万円振り込むと予定していたものを、前月の末に入金するとどうでしょうか。逆に遅れて2日になってしまったらどうでしょう。同じ100万円をたった1日前後するだけで喜ばれたり、不信感を持たれたりします。遅れずに支払うように資金計画を立てることで関係者がみんな幸せになります。だからこそ**トラブルを起こさないように時間軸で入出金の管理をすることが大切です**。

資金計画を実施していく上で、どのように資金繰りをしても資金がショートする場合が想定されます。その場合にどうすればいいか考えなくてはなりません。ほとんどのイベントプロデューサーは「あっ、ごめん！ 来月でいいかな？」といった電話をして解決しようとします。しかし時間軸で計算しているとこのような事態はあらかじめあぶり出されるはずです。それを支払日までにどうにか工面しようと考えて直前まで伝えていないのです。その場合は逆に「こういう事情なのでこうしてもらいたい」と事前に交渉しておけば、誰も嫌な思いもせず問題は少なくてすむはずです。

また、**お金には同じ金額でも重さが違うことがあることを知らなくてはなりません**。人件費や要員費という生活に関わる費用は真っ先に払うものです。そうしないと人は不安になり働く気力さえも半減し、生活を脅かしてしまうからです。同時にA社には日ごろから利益を還元させているという場合には相談をして後回しにしてもいいはずです。このようにお金にも重みがあるということがわからないでプランを作るとそのクレームに追われて本来の仕事ができなくなります。

次に、**プロデューサーは金融の仕組みに関しても知らなくてはなりません**。

よく問題が起きるのは海外からの送金です。ブラジルにいるAさんがイベントの参加費3万円を日本に振り込むとします。その場合Aさんは手数料込みで3万2500円をブラジルの銀行から振り込みました。ところが日本の事務局が手にしたのは2万円でした。

なぜそのようなことが起こるかというと、ブラジルの銀行がそのまま日本の銀行に送金したとしても、日本の銀行も手数料を取る仕組みになっているからです。さらに銀行によっては2〜3行経由し、それぞれの銀行が手数料を取って最後には2万円になるというケースもあるということです。

結果としてどうなるかというと、事務局が不足金を負担することで譲歩せざるを得ません。このように銀行の手数料が複数かかる可能性がある場合は、「最終の振り込み金額によって差額分はいただきます」と一文入れるだけで解決できます。ところが日本で行われる多くの国際会議などではこの問題は頻繁に起こっています。だからこそ金融の仕組みを勉強して、海外からの場合は一定の金額を設定してデポジットという形でいただくか、クレジットカードとサインで金額補償をしてもらうなどの対策を取ることが必要です。

プロデューサーはお金の流れに関して金融機関を通るところうなる、クレジット会社を通すとこうなる、ここの会社の実際の手数料はいくらであるなどに関してしっかり把握しておくことも大切な業務のひとつです。

また支払いに関しても別の知識が必要です。どの部分に税金がかかり、どの部分が非課税か、そしてどの部分が申請により税金を免除されるのか、消費税はどうかなど、それぞれが違うことを認識する必要があります。

A社からB社に1000万円の売り上げがあって、B社からA社に500万円の売り上げがあるとします。商法上は、A社からB社への売り上げからB社からA社への売り上げを引いた500万円を請求するといった双方で相殺することはできません。

しかしプロデューサーとしては、お互いの売り上げが発生する前に相殺する契約を取り付ければ消費税は差額の500万円に対してのみ発生するといった節税にもなります。また事務局に一時期参加費が集中し資金があまった状態のときに、そのお金をどう使うかといった使い方を考える必要もあります。

旅行会社のイベントで旅行会社に数カ月後に1000万円払わなくてはならない場合、旅行会社には旅行券という金融券でその1000万円分を払うことを了承してもらいます。そこで余った資金があるときにその分の旅行券を事前に買っておくのです。その場合その差額分が余分に残ることになります。おすすめは旅行会社の社内キャンペーンでどうしても旅行券を売らなくてはならないときに買っておくことです。これも資金計画ができていれば事前に用意できます。旅行会社もキャンペーンのノルマを達成したいし、我々も差額がほしいということで双方がウインウインの関係になります。

また、**イベントでは動く資金が大きいため、短期でうまく資金繰りをしていくだけで数百万円の利益が生まれることがあります**。資金計画ができていればこその話で、逆に計画がお粗末であれば損害も出るということになります。事務局名義のクレジットカードを作り、ホテルでの食事代や航空券など必要なものに使います。そこでポイントやマイレージを貯めて経費の一部にします。使っている金額はまったく同じであるのに得をするといった、ある種の金融プランとして行うものです。これも資金計画ができていれば、いつ何にいくら必要かがわかるために使える方法だといえます。

プロデューサーとしては、貯まった100万マイルを社内の報酬旅行に使ってもいいですし、クライアントの接待に使う手もあります。もともとはクライアントからいただいた仕事の中から生まれた特典なので自由かつ有効に使えばいいのです。

以上のようにイベントはただ実施すればいいというものではなく、そこに発生する様々なお金の問題もしっかり把握していかなくてはならないのがプロデューサーとしての責任です。

9 スポンサーへの提案はより具体的に行う

イベントを行うことは経済活動であることを忘れてはなりません。イベントプロデューサーにはインタビューも実施計画も大切ですが、**イベントでの確実な収入確保はプロデューサーの技量を左右するものです。**イベントのコンセプトもしっかりし仕事の流れもよく、運営計画も明確だとしても、収入の計画がずさんであればそのイベントは失敗と言えます。

イベントにおいて基本的にどういう部分に収入があるのかを知る必要があります。**イベントの収入には、直接収入と間接収入という2つの大きな柱があります。**

F1の場合、テレビ局などがスポンサー料を事務局に支払うのが直接収入です。そしてサーキットなどで服やタオルなどのグッズを売り、ブースからのロイヤルティが間接収入です。イベントではこのような直接収入と間接収入のミックスのプランを作らなくてはなりません。

直接収入の主な柱となるスポンサー料を考えるときに一番重要なのは料金の設定です。スポンサー料は1億円ですとアナウンスしても、その値段の根拠はどこにあるのかを具体的に出さないとスポンサーはついてきません。

総経費を計算してからスポンサー費を考えるといった方法がありますが、これは原始的な方法で、必ずしもよいとは言えません。これだけの支出があるからこれだけの料金がほしいというだけでは説得力に欠けます。

スポンサー料設定の基本原則にはそこにすべての説明内容が含まれていなくてはなりません。一番のポイントは、スポンサー料に対してどのくらいの見返りが見込まれるかという説明です。この見返りの説明をするときに「今回スポンサーになることで、テレビにはこれだけ映り、好感度はこれくらいアップし、マーケットはこれくらいありますから○○人の目にふれます。さらに子どもたちが参加することによって、親たちも見てくれます。その結果全体に広がる影響力はこのくらい、それが商品購買意欲として○○％に表れるからこのような効果が見込まれます。またその効果が表れるにはこのイベントが始まってからの週の販売高で判断できるはずです」と具体的な資料を提示して話します。

さらにスポンサー料には、金銭で出す場合と自社商品などの物納で出す場合などがあります。よって金銭で出す場合と物納で出す場合、それぞれどのような効果が見込まれるかの分析も必要となります。車を出した場合、有名選手やタレントがその車を乗り回すことでの効果がどうなのか。スナック菓子などの商品を大量に出す場合、どのくらい広く知ってもらえるというようなことを具体的に提示します。この物納というのは比較的受け入れられやすい部分です。時価1000万円のものでも企業としては原価で出せるわけですから出しやすいというのもあります。提案をするときはまず出しやすい物納の話から始め、その先に金額の話へと発展させていくのが話をスムーズに進める方法のひとつだと言えます。

次にスポンサー料の金額に関しての提示や、いつまでに必要かはロジカルに説明します。スポンサードへのお願いとして説明する場合は、単独スポンサー（主催）なのか、複数スポンサー（共催）なのかによってどのように関わり方が違うのかも説明しなければなりません。同業種が共催になって、商品がバッティングするようなことはしてはいけません。

自動車メーカーと旅行会社といった異業種であればお互いがオペレーションを一緒に行うことによって、将来的にビジネスとしてつながっていく可能性が出てきます。オリンピックなどでは1業種1社という原則があるぐらいです。

共催スポンサーになることにより、それぞれの企業に共通点が生まれトップ同士が話す機会もできることから「異業種交流の最高版」が可能ですという提案もできます。

主催でいくのか共催でいくのかはとても大切なことです。**クライアントがスポンサー料を払うことでどれくらいの見返りがあるか、異業種と親しくなれるメリットはどこまでかなどを考えて提案できなくてはならない。**だからこそプロデューサーは共催相手をどのように選択するかがとても重要になります。

最近の傾向として、テレビ局が行うイベントでは新時代の企業と老舗企業という本来は会うことの少ない企業のトップを会わせる仕掛けを作ってクライアントの興味を惹いています。今ではイベントの共催から始まって、接点の少ない企業同士がコラボレーションして新しいビジネスチャンスが生まれるといったことは当たり前になりつつあります。

プロデューサーは企業にスポンサードをお願いするにあたり、見返りの部分ではたくさんの提案をしなくてはなりません。中でも注目されるのは広告効果という見返りです。**お金を出して広告を打つだけでなく、話題を作り、メディアリリースという記事として無料でメディアに取り扱ってもらいやすい素地を作らなくてはなりません。**

よく使われるのが会場内の看板です。F1などのサーキットの看板を例にすると、このレースでこの看板がテレビに何回映るかが問題となります。説明として前回の大会では、どのような映り方をしてどのような報道がされたか、テレビ局が何秒間映したのか、それを世界中のどの世代の何人が目にしたのかまで説明します。

それ以外にプログラムなどの関連グッズに広告を載せるという方法もあります。このプログラムは何人に配られ、何冊売れ、どういうところに流通していくのかも明示します。次にオフィシャルのホームページをどれだけの人が見たのか、どれだけの時間滞留したのかまでデータを出します。さらにチケットの裏なども広告スペースとしては有効であることを説明します。次に、プレスリリースの発信により、どの雑誌にどれくらい掲載されるのか、どのような記事取り扱いが見込めるかなどを提示します。

スポンサーに対しては、事務局には毎日のプレス発表を行う専属のプレスリリース要員がいて常に情報発信することも伝えるのがよいでしょう。

このようにして自分から発信する広告の目と、無料で取材される側の2つの要素をスポンサー料として換金するということを説明することもプロデューサーの役割になります。

10 チケット価格はリサーチして決める

直接収入として大きい部分を占めるのはチケットの収益です。費用がこれだけかかるからチケットはこの価格でという値付けはよくありません。スポンサー料と同様に、その価格に対しての理由がなければなりません。

価格設定のためにはまず、マーケットリサーチをします。イベントのメインターゲットはどの年代のどのような人たちか、男女比はどうかです。さらにアクセスが便利だからこの価格、悪いからこの価格と考えます。またCDが付いているから、食事が付いているからこれくらい払ってもいいのではと可能性をシュミレーションします。**チケットの価格はこのように様々な条件を出**

していき、マーケットリサーチをし決めなくてはなりません。同時に料金の設定は戦略的でなくてはなりません。

前売りで1カ月前ならいくら、当日ならいくらと決めるのは当たり前ですが、さらにペアチケットならいくら、シルバーシートはいくらなど選択肢を増やしていきます。SS席を売るためにB席までのランクを作り、SS席がいかによく観えるかを伝えます。数日間開催のスポーツ観戦では、予選・決勝の通し券のお得感を持たせる必要もあるでしょう。

いずれにしてもチケットを売るためにはどの価格が適正なのかを出さなくては始まりません。ところがここで出た値段だけでは総費用が足りないということもあります。その部分を補うのが物販や出展者のブース料テナント料といった間接収入になります。

11 間接収入の見込みを立てる

チケット販売などの直接収入の予測ができた時点で最初の収入見込みがつきます。このときすでに黒字になっているイベントもありますし、そうでないものもあります。それに対して次は間接収入の見込みを立ててます。

ブース料やエントラント料などの間接収入から考えてみましょう。まず集金のタイミングをリサーチしなくてはなりません。事前に必要なのか、事後なのか（事務局としては事前にすべきですが）。事前ならいつまでか、そのタイミングによって出展数が変わることが想定されるからです。出展者によっては売り上げの中から支払いたいという要望もあるかもしれません。**さらに分割での入金を認めることによって参加店舗が増える可能性があるのか、一括の支払いにすることでどれくらいの数になるのかなど、出展見込み客に対してプリエントリーシートというアンケートを送って調査します。**

プリエントリーシートとは、まだ参加するかどうかの意志がはっきりしていない広い層の方に対して、もしあなたが将来的に参加するのであれば、このようなイベントであれば参加したい、またこのようなイベントであれば参加は難しいといったことを把握するために複数の質問を載せたシートのことをいいます。送られる層は当日参加する人数の数十倍規模の参加見込み層全体に対して送られることが多いのです。

詳細情報を確実に把握するためには、このプリエントリーシートでの質問項目がどれだけしっかりと網羅されているかにかかっています。そしてここがプロデューサーの力量が問われるポイントです。さらにこのプリエントリーシートの回答により参加者たちは何を求め、何がしたいのか予想がつきます。そして出展料はどれぐらいが好ましいのかも見えてきます。この金額で出せば参加予定者のうちの半分が参加するだろうとか、３分の１は参加しそうだという見込みを立てることもできます。

次により多くの収入を得ようと思うのであれば、**考え方の基本に「間接収入は人間の本能を満たすもの」とし、食欲、睡眠欲、物欲……といったものを取り入れなくてはなりません。**その欲を満たし、これまでに例のない新たな間接収入を設定することこそが、プロデューサーの手腕にかかっています。イベントで必要な欲が何なのかを現地調査と類似イベントへの出席によりチェックする必要があります。そして類似イベントにはＶＩＰとして呼ばれて参加するのではなく、一参加者として一般人の目線で取材することが必要です。

どのイベントにおいても間接収入の設定が１００％満足いくというものはありませんが、それをより完璧なものに近づけていくのが類似イベントでのチェックになります。

Ｆ１では何万人もの人が集まります。現地では恐ろしいほどトイレに行列ができます。それを見て、有料トイレを作ったらどうかと考えるのもいいでしょう。お金を出せば並ばなくてもトイレに行けるとなれば、そこに相当な収入が見込まれます。これは現地に行って参加してみないとわからないことです。また雨が降る可能性のある野外イベントの場合は、傘を売るだけでなくビニールシートも売れるかもしれません。このように間接収入とは人の欲が売り物になると考えてください。睡眠欲であれば徹夜で車を運転してきている人がいるなら有料の睡眠所が役に立つかもしれません。

クライアントに対してこれまでになかったものを提案するとプロデューサーとしての力があると思ってもらえます。夏は暑いから氷が売れるというのはあまりにも普通です。しかし野外は暑い日と寒い日が交互に訪れたりしますから温かいものも用意しておくということも必要かもしれません。また外国人が多いのであれば両替所などは必須になることも忘れてはいけません。これらは実際にイベントに参加することで気づくものです。

間接収入は基本的に最初からあてにしてはいけないものです。しかし無限の可能性を持っていることも忘れてはいけません。

実際にこういった顧客の要望から生まれたビジネスもあります。サーキットのバックストレートを手元の画面で観られるというレンタルテレビもあります。これも欲望から発生した商品です。テレビ局のスタートはゴルフのトーナメントで隣のホールはどうなっているか観たいという欲望から始まっています。人々が持っている欲求を追求し実現した結果生まれたものです。

基本に戻りますが**間接収入を作るときに必要なのはストーリー作りです。何でも売ればいいというものではなく、必ずイベントに関係するものを売ります。**それだけで統一感がでます。売り方もレースや国際試合などであれば試合中はおとなしくして、インターバルの時間に一生懸命売るといったルールも必要です。これらはすべて雰囲気づくりのストーリーです。国際試合を観戦して楽しみ、資料の本やＤＶＤを買って帰り、それを自宅でもう一度見ると、また来年も行きたくなるのです。そうしてイベントの顧客に育てていくわけです。その他に間接収入として考えられるものは、シャトルバスを走らせたり近隣施設の宿泊での斡旋マージンです。これは物販などではありませんが、ここから多少なりとも利益を生みますし、参加者を増やすための助けにもなります。

12 意外と知られていない公的収入

もう一つイベント収入の中に公的収入というのがあります。それはスポーツ振興でのＴＯＴＯや国際会議等の学術振興会といったものに申請し審査の結果予算が出るといったものです。

スポーツイベントを行うのであれば、このイベントはスポーツ振興にどれだけ役立つかを申請することで予算をもらえる可能性があります。学会などの学術振興の場合は、万博財団や学術振興会に対して会議内容を書類にし、**いかに人類の未来にとって役に立つことかの企画案を提出することで予算がでます。**

また地方自治体が同様の補助金制度を行っている場合もあります。地方自治体の場合、自治体が管理しているスペースでイベントを開催したいがために「Aホールでイベントを行う場合は参加者一人に対して１０００円の補助を出します」というようなケースがあるのです。

実は**プロデューサーの力量というのは直接収入と間接収入を集めるだけではなく、あらゆる公的収入を知った上でそこに申請書を出して予算をいただくという能力も求められます。**

このような補助制度は世界中にあり、ラスベガスであればイベントをするときにホテル宿泊代を主催者側１００泊分無料にするという特典をつける例もあります。同様に日本にもそのような補助制度は山ほどあります。それらをフル活用するために、**各地のコンベンションビューロー財団などに根を張らして情報を集めることもプロデューサーとして必要な能力だといえます。**

以前国の政策として、ビジットジャパンキャンペーンというものがありました。これは日本に外国人を呼ぶためのキャンペーンで、観光庁が10億円の予算を用意したこともありました。このようなときにはこの情報を基にその予算を獲得するイベント企画を考える必要があります。また航空会社がキャンペーンでタイアップの航空チケットを出す場合もあります。その場合はキャンペーンを行う地方や国を題材としたイベントを考えるべきです。

これらの情報を見逃さずにすべて網羅して、収入計画をきちんと完遂できるのがイベントマネージメントではとても大事な部分です。

13 あらゆる収入源を見直す

イベントにとって重要なのは予算と収入の管理です。

1000万円の予算で何かイベントを行ってほしいというクライアントがいるとします。その場合その予算ならこれができますと提案するのではなく、前述したようにクライアント要求をインタビューします。当然のように予算が合わない場合がほとんどです。そこでクライアントの本当に行いたいことを行うためにイベント内容を技術的に削っていく方法に関しては先述しましたが、それでもまだ足りない場合、別に収入を捻出しなくてはなりません。

そこで**間接収入、直接収入、公的収入、そして協賛スポンサーを見つけるという方法が考えられます。**

たとえばその1000万円に対してこれだけのことしかできませんと話をすると、**ほとんどのクライアントの場合は予算にぶれ幅があり、**こういう別の効果があるのなら2000万円出してもいいということがあります。1000万円しか予算が出せないということばかりではありません。そこはプロデューサーとして話の持って行き方次第となります。

クライアント側に本当に1000万円しか予算がないのであれば、間接収入や直接収入を得るために協力してもらいたいと提案すればいいのです。たとえば空いている土地のこの部分を使って物販をさせてもらいたい、そのために電気を敷かせてもらいたい、道路使用許可を取ってもらいたいなどです。それらができるのであればその予算でもこのイベントは成立しますと付け加えればいいのです。

クライアントが自動車メーカーであれば、その関連で塗装メーカーやカーナビメーカーなどに「御社から声を掛けて協賛してもらえないですか、もちろん声を掛けてもらったその後の企画説明にはこちらで行きます」と相手の人脈を手がかりにすることもできます。

また予算に加えて、公的収入導入も検討できることを伝えると、クライアントは喜びます。その場合は雛形は作りますので申請書類を作ってくださいと信用のあるクライアントの力を借りるのがいいでしょう。ちなみにこれらの予算獲得の方法を複合にすればするほど第2回、第3回とイベントが続き、そのプロデューサーは必ず必要な人物として取り上げられることになります。仕事が単純であればあるほどクライアントは独立して自社の社員を育てて自前で行ってしまう傾向にあります。しかしこのように**複合した収入を提示するなど工夫すればするほど自分にしかできない複雑なものになり、プロデューサーの存在意義を見せていくこととなります。**

あらゆる収入源を見つけ出していくのはプロデューサーの感性です。地下鉄で走行中に窓の外に流れる映像広告も感性ですし、誰もが使う物やいつも見ている物、トイレの蓋を開けたらそこに広告があるとか階段に広告があるのも感性です。プロデューサーならばこの感性を磨く必要があります。

感性はどのように磨くかというと、足で歩いて目で見て感じて五感を研ぎ澄ますことによってそれは自然と根付いていくものだと思ってください。

14 プロデューサーとしての感性の磨き方

プロデューサーとしての感性を身に付けるには流行にアンテナを張り巡らせ、常に新しいことに対して敏感でなくてはなりません。

たとえばTカードやポンタカードなどのポイント制が主流になってきたと感じた場合は率先して使い、携帯電話などで新しいメディアツールが出始めたら真っ先にトライするなど**常に新しいことへの挑戦をするだけでも感性は磨かれます**。同時に靴は履くものだ、帽子はかぶるものだといった固定概念を取り払う訓練をする必要もありますし、先述したモホロジカル法など思想方法の転換方法も感性を磨くものです。

プロデューサーは年齢を超えた俯瞰《ふかん》の目を持つことも重要です。ただ新しいからと飛びつくのではなく、一歩引いたところから見て、物の真価を見極める必要があります。新しいものに挑戦しつつも常に別のところから物事を見ていることが必要であり、自分がそのど真ん中にいないことが重要です。当然熱い心というのは必要ですが、どこかいつも遠くからものを見つめるような、当事者にならないという心の持ち方が大切です。

感性をさらに進化させるということは、まず自分の持つ言葉としての発信能力ひとつひとつに「言霊」と言われる心のこもった言葉群を発することができるようになる訓練が必要です。そのためには、一にも二にもやはり読書をする習慣が必要になってきます。速読でも構わないですが多くの本を読むという動作は映像を見ることにはない脳を活性化させる要素が多く含まれます。読書の中に漫画は含まれるかと聞かれますが、もちろん漫画も読書には含まれます。しかしやはり活字を追うといった訓練が重要なため、漫画よりも小説や論文の方がいいでしょう。活字を追うことは、脳の中で独自の映像やイメージ、独自の音楽性が自分の中で別途想像しながら読む必要がありとても大事なことです。

次に読書した物に関してそれを発信する作業が必要になってきます。まずはブログや日記を書くことから**自分の心に感じた物を言葉という不完全な物を使って、どのくらい正確に表すかが大事になってきます**。言葉は万能ではありません。もちろん映像も万能ではありません。**味覚、聴**

覚、視覚すべての要素を使って自分の感じた物を１００％自己の感性に近い物にして発信するという作業がプロデューサーとしての感性の磨き方では非常に大きな物です。

最後に必要なのが個々のオリジナリティーです。フレンチレストラン、イタリアンレストラン、寿司屋などすべてにおいて、名店と呼ばれるものの中には独自の個性が生まれます。同様にその人それぞれの文章のタッチや映像のタッチが作家であり監督であり、もしくは起業家であれば事業の進め方ひとつをとっても個性が出てきます。それらのオリジナリティーの捻出の一連の流れの中で感性はどんどん身に付くものとなります。だからこそオリジナリティーを意識した自己プロデュースというものも必要となってきます。

それらすべてを捉えて感性を磨くというひとつの動作へとつながっていきます。日本の文化の中で、俳句という短い言葉の中にすべてのことを表すというとても優れた文化が残っており、やはり日本人は漠然と広がったものを小さく収束して美しくまとめるという物に対して長けた才能があるということを私は感じています。みなさんの中にもその血が流れているわけですからそれぞれがすばらしい、プロデューサーとして感性を磨いていけるものであると信じています。

15 計画的なオリエンテーションが必要

ほとんどのイベントは短期集中型もしくは中期で行われます。そこで始まってそこで完結するのがイベントの醍醐味です。ですから要員の確保も通常の仕事と異なり、かなり複雑であると言えます。

要員に関しても、一般の会社と違い短期でスタッフを雇わなければならないために、必要以上に導入教育、いわゆるオリエンテーションが重要になってきます。イベントスタッフが様々な配置に対して100人いたとします。この人たちは何もわからずにただ集まってきたメンバーだと思ってください。この人たちを数時間の**オリエンテーションだけでできる人間に変えるのもプロデューサーの仕事です。**

3カ月の間だけ手伝ってもらう入力チームや、広告チーム、お弁当チーム、会場内運営チーム、それぞれの仕事に対して短期で役立つ人間に育てなくてはなりません。そこで大切なのがこのオリエンテーションであり、その後の適正を見抜いて行う配置計画です。当然100人の中には将棋でいうところの「飛車」も「角」も「歩」もいるわけです。最初から「金」もいれば「歩」の中にはひっくり返すと「成金」になる者もいます。真っ直ぐには進めないが斜め横なら早く進めるといった「桂馬」のような者もいます。**これらの適性をオリエンテーションの間に素早く見抜く必要性があります。**

それぞれの適性を見るためには、個人の価値観をチェックすることが近道です。今回の仕事ではお金のために来ているのか、友だち作りのために来ているのか、ここで何かを学ぼうとして来ているのか、など様々な理由がわかるだけでも全体図画が見えてきます。最初にこの人は何のためにここに来ているのかを履歴書だけでさっと見抜ける人が人使いの上手い人だといえます。

この要員を数人ごとのチームに分け、シフトを組み、仮のリーダーを決めるのもプロデューサーの仕事です。実際はプロデューサーが自分の心の中で、この人物はリーダーでもう一人はサブリーダーでと思っておけばいいのです。歳は若いがよくできる人物を中心にそえてリーダーは別の人物でもいいわけです。

次に行うのが要員の配置計画です。足腰が弱い人に立つ仕事をお願いしても効率が悪いだけです。要になる「飛車」と「角」はどこに配置してもうまくできるわけですが、それをどこに配置するかが課題です。弱いところに配置するのも方法ですし、伸ばしたいところに配置するのも方法です。

オリエンテーションを行うときのポイントは、その場でイベント内容を細かいことまですべてを話さないことです。ほとんどのイベントの失敗はそこから起こります。

情報の伝達は一度にすべてを伝えるよりも区分した方が効率よく進みます。その場で言っても忘れてしまうことがありますから、後日リーダーを通じて言うほうがトラブルが少なくてすみます。また、毎日言い続けなくてはならないこともあります。すでに伝えたことの中に後々変更になる可能性のある情報もあります。今日まではこうだが、明日は変わるといった情報もあります。そのような情報はその場で伝えるよりも、後々各リーダーから伝えたほうがいいのです。要は情報に対して色分けをして伝えていくわけです。

ところが多くは、すべての情報をマニュアル化して、全部を伝えようとします。これは決していいやり方とは言えません。すべてをマニュアル化していきなり現場任せといったイベントもありますが、それもよくはありません。集まって言わなくてはならない情報と、現場で伝える情報をしっかり区別してオリエンテーションすることが大切です。そして、最初にどの流れで情報を伝達するかのルートをはっきり伝えておくことも必要です。

それから全体が目指すところはどこなのかというストーリーは大切で、要員のひとりひとりが物語の中での役割がはっきりしていないとなりません。シンデレラの物語でいえば、キミの役割はかぼちゃの馬車だけれども、馬車がなかったらシンデレラはお城に行けないというとても重要なものであると伝えてあげなくてはならないのです。「キミのポジションがなかったら物語は成り立たないのだよ」と言うだけで仕事はスムーズに進みます。

オリエンテーションの大きな目的は、各々がある程度判断して自らマニュアルなしでも動ける方向性をつけてあげることにあります。マニュアル通りに動くことを指示するのではなく、マニュアル以外のことが発生した場合にどう動けばいいかという判断材料がちりばめてあるのがいいオリエンテーションです。

次に大切なのが、2回目のオリエンテーションを何日か後に行うことです。1回しか行わないところを2段階にします。たとえば自分がA高校を受験するために、最初の説明会に行って聞いてきたことは、言葉の意味さえわからなかったが、半年後にもう一度聞くと最初になんとなく聞き流していたことが身にしみるようにわかるということがあるのと同じだと考えてください。

現場スタッフはバイト感覚の意識の低い段階でしか集まっていませんから、内容的に重複しても2度オリエンテーションをすることでより具体的にわかるようになりイベント運営がより円滑に行えるようになります。

もしイベントを将来的に2回3回と開催するといったストーリーがあるならば、それぞれのストーリーの中に要員をどうしていくかも考えなくてはなりません。その要員が学生で就職してしまって来年はいないという場合であれば、次に募集する方法やどのような人が集まったら次回やりやすいのかというのも計画しておかなくてはなりません。某大学の剣道部がよく動いてくれたというのであれば、そのイベントで「ありがとうございました」と言って終わらせるのではなく、「今後も付き合いをしたいから歴代のキャプテンと会える仕組みはできないか」という話を作っておけばいいのです。

イベントの場合はもともと上下関係のない人たちが集まって、そこに仕事と役割だけでつながっていくわけですから、その仕事の部分の色分けをプロデューサーはしっかりしてあげなくてはならないのです。

もうひとつ大事なことは要員の評価です。イベントはただ終わればいいというわけではありません。評価されることでどのようなことが起こり得るか、逆にだめな振る舞いをしたときにどのような罰則があるか、評価の仕組みというのをわかりやすくしておく必要があります。要はイベント期間中だけになりますがひとつの会社組織だと思えばいいのです。

具体的に評価とは給料で評価したり、就職用の推薦状を書いてあげたり、仕事をうまくまとめてくれた人には下にサブのスタッフを付けるなどでいいのです。**とにかく要員への評価がしっかりできるプロデューサーだと思われることが信頼につながり、やがてはイベントの大成功へとつながっていくのです。**

プランニングも収支計画もうまくいった、しかし人に嫌われてしまったという失敗はプロデューサーとして失格になってしまいます。

16 要員の組織作り

イベントにおける要員計画は、組織作りと考えましょう。最初は企画段階の組織作りです。運営が始まるまでの営業活動や誘致計画を立てるなど、企画立案の段階となり、この時点では組織は非常に小さいものです。この小さな組織では**プロデューサーそのものの能力に頼るところが非常に大きく、プロデューサーが個人で行う場合も多いといえます。**

この段階で求められるのは、プレゼン資料作成のための予備調査や予備資料の作成などです。ここで必要な要員は資料製作に関するアシスタントとマーケット調査を行う人材です。実際に運営を獲得できるかどうかわからない段階では、まだ予算が付いていないため、プロデューサー自身を含む最小の3人が必要なだけです。

企画が通り、運営をまかされると次の段階がイベント開催までの準備期間での組織作りです。複数の要素を秘めているイベントにおいては、現場においてステージ運営があり、記者会見があり、誘導があり、プレスリリースがあるなど多くの仕事が発生します。それらを**それぞれの場面ごとで考えれば組織作りはしやすいのです。一番組織作りが難しいのは当日の現場のように具体性がまだ見えていない部分だと言えます。**ほとんどのプロデューサーがこの準備段階の組織作りで困っていると思われます。

そして大型のイベントになればなるほど準備段階での組織作りが複雑化するため、慎重に計画していかなくてはならないでしょう。この準備段階における組織作りをしっかりすることにより、非常に現場段階におけるアレンジが楽になります。なおかつこの組織作りというスキルを身に付けることができれば様々なイベントで活かせることができます。

プロデューサーと運営事務局は、イベント開催までの間に行う業務をいくつかの部署ごとに役割分担して組織作りをします。基本的に、以下のようなセクションに分かれるのが一般的です（ここではそれぞれの担当を委員会という組織でくることとします）。

財務委員会、次に総務委員会を作ります。さらに会場担当委員会、広報委員会、プログラム委員会、登録委員会、会場内運営委員会、展示委員会、宿泊旅行委員会、接遇委員会、募金委員会などです。

簡単に説明すると、財務委員会はお金の収支を監督するものです。総務委員会は運営事務局全般に渡る業務。会場担当委員会はホールや体育館などの施設のハード面を管理します。広報委員会はイベントの告知関係。プログラム委員会はイベントのスケジュールを管理。登録委員会は参加者のリストなどを作成します。会場内運営委員会は会場内の部屋割りや機材を管理する委員会。展示委員会はイベント本体とは違う呼び物を行う係りです。

さらに国際イベントの場合は国際委員会が必要です。対海外との折衝係りになります。宿泊旅行委員会はアクセスや宿の管理をします。接遇委員会はＶＩＰやスポンサー、要人のすべてを手配します。募金委員会はイベントが大きくなると、集金で走り回るだけでなく公的な申請による収入の確保や税金を減免するような措置などをとる役割です。

これらの組織作りは、欧米型と日本型で違いがあります。欧米型にはここにミーティングプランナーが入ります。ミーティングプランナーというのは、プロデューサーの下で全体の業務をコーディネイトする係りです。日本ではまだ数が少ない例ですがこの係りがいることでよりイベントがスムーズに運営されます。これらをすべて束ねたものを事務局といいます。さらに実行委員会がありますが、ここはテレビ局の社長やスポンサー企業の専務といった関係者の中でもトップに近い人たちで構成されます。

全体を統括するプロデューサーであっても、この実行委員会には随時報告を上げていかなくてはなりません。たとえプロデューサーであっても、全体の組織の中では上司もいるし部下もいる中間管理職的な立場なのです。

17

総務委員会の役割

総務委員会というのは、基本的には開催までにかかる備品類や物流その他諸雑用全般を管理します。総務委員会は海外でよくいうロジスティクスというもので、顧客の要求を満たすための効率的な流れとサービス、関連情報をコントロールし最適化するものです。

イベントマネージメントの組織作りでは、まずこの委員会から立ち上げ準備委員会とします。事務所を設置するだけでなく、イベントのロゴ作りやそれを作り込んだレターなど必要なものを用意します。

地方の開催であっても東京に事務所を設置することもあります。理由としては、準備期間中は情報の収集を一番しやすく業者を最もコントロールしやすい場所、さらに物流の拠点ということが挙げられます。そしてそこでの一切の作業を総務委員会が行います。

総務委員会の他の役割としては要員に対しての給料などの人件費管理、社会保険の手続きやアルバイトの募集、開催当日のアルバイトに対してのマニュアル作りなども行います。各委員会の下にはそれぞれアルバイトがいますが、人材を見つけるまでが総務の仕事で、それ以降は各委員会が管理します。またそれぞれの部署で作られたマニュアルは総務委員会で束ねて管理します。

18 募金委員会の役割

組織の中には、お金を扱う委員会が2つ（募金委員会と財務委員会）あります。違いを簡単に説明すると、お金を集めるのが募金委員会で使うのが財務委員会です。

募金委員会は運営資金を集めるために人脈を駆使してスポンサードのお願いをするだけでなく、広くスポンサーをお願いするための趣意書を作るのが仕事になります。この趣意書作りにはスポンサー間の問題や様々なかけ引きがあるためにプロデューサーはあらゆる情報を入手して募金委員会へ指示を出します。

イベントのメインスポンサーがD自動車の場合、同業種のH自動車には営業に行けません。さらに企業間の関係が好ましくない場合があるかも調べる必要があります。また子会社との関係がよくないとか、企業系列が異なるというのも考えなくてはなりません。それらの問題を考慮してスポンサーへの趣意書を作ります。

さらに募金委員会が行う業務に免税措置手続きがあります。**免税措置が受けられるかどうかの情報を調べ、それに対する書類などをそろえて手続きを行うことも役割の一つです。**

初期段階での予算管理全般を扱うのが募金委員会で、広告料等の収入予算が確定した時点で財務委員会に引き継がれます。募金委員会を財務委員会が兼任することもあります。一般的に募金委員会の方が企業等に影響力がある人、そして財務委員会は影響力関係なく財務処理全般長けている人が選任されることが多いといえます。

19 財務委員会の役割

ほとんどのイベントの場合最終的に収支報告書を提出しなくてはなりません。イベントの規模が大きくなればなるほど、どんぶり勘定ではなく、どれくらいの損益が発生しているかを正確に報告する必要があります。先述したように戦略的な財務委員会がある場合は、お金の流れを見ながらここはクレジットカードで払ってマイレージを貯めるなど収支を管理するべきです。

たとえば5000万円というお金が半年間保管される場合などは、短期の定期預金にして利息を得るなどもその方法です。また支払いをドルで払う場合は為替相場を検討してどのタイミングで払うかも考えなくてはなりません。これらを取り仕切るのが財務委員会です。

財務委員会は、予算の全般的な運用管理をするのが仕事です。しかし運営予算そのものが当初の予算よりもオーバーしていくことがよくみられます。したがって財務委員会は各担当部署から上がってくるリクエストを管理しながら不必要な部分はカットし必要な部分においてもコストカットの指示を出しながら全体としての予算管理をする必要に迫られます。それぞれの委員は個別の部署の成果を上げようとする傾向があるため、自分の担当部署の予算を多く計上してきます。**個々の委員会に対して、全体としてのバランスを考えていく必要があります。**さらに財務委員会は決められた財務諸表を決められたルールで製作し、各委員会だけではなくスポンサーその他公に対しての報告書の作成まで求められます。

20 接遇委員会の役割

一言に接遇と言ってもただＶＩＰの接待をすればいいというものではありません。ウエルカムレセプションやフェアウェルレセプション、イベント時のランチミーティングなどでの取り仕切り全般を行うのも接遇委員会の仕事です。さらにＶＩＰ専用の控え室を用意し飲み物をどれくらい保管するとか、接遇スタッフを何人配置するかなども考えなくてはなりません。

ここで考えなくてはならないのがプロトコールです。プロトコールというのは国際的な接遇の基準のことをいいます。たとえばG７やG８などの国際会議であれば開催国を中心にどの順番で首脳を並ばせるのか、国旗をどのように並べればいいのかなどを国際基準に沿って手配します。オリンピックであれば国歌斉唱や国旗掲揚の仕方、国名をどう呼ぶのか、ニホンなのかニッポンなのか、人物はミスターで統一するのか、サーやドクターは付けるのかなどまで決めておきます。

次にスポンサー間の上下はあるのか、控え室の大きさはどうか、もし講演をする人がいるのであればその人が部屋の中で事前に自分の発表原稿をチェックするためのプロジェクターやスライドビュワーなどの用意は必要かなど細部に渡るチェックが求められます。

またさまざまな国の人が来るために、食事で食べられるもの、食べられないものをチェックしなくてはなりません。ベジタリアンとそれ以外というのを用意するのはもちろんのこと、誰がイスラム教で、誰がヒンドゥー教でというのも知っておかなくてはなりません。

VIPはひとりで参加する人はほとんどいませんから、婦人や娘さんなどの家族のケアもしなくてはなりません。この婦人や家族の方を喜ばせるための特別なプログラムを一般的にスパウズプログラム（SPOUSE）と言い、イベントと関連のある催しに招待するなどして気分を盛り上げます。またVIPはVIP導線という、一般入場者と別の導線で入場させなくてはならないため、その導線計画も作らなくてはなりません。

さらに当日招待している開催地の市長さんや地元メディアなどの招待客の案内も接遇委員会が行います。中には宿泊など旅行委員会につながなくてはならない場合が出てきますが、誰がどこに泊まり、どのように移動するかなどの詳細プランは接遇委員会の方で作らなくてはなりません。レセプションで予算をどこまで使えるか財務委員会とも打ち合わせていかなくてはなりません。レセプションで近年一番多い形が立食形式ですが、人数の見込みやメニューの選定までしなくてはなりません。

接遇委員会において行われる行為というものは、一般参加社以外の記者会見を含めた波及するすべてへの対応が求められるものに対して設置される委員会であると考えてください。

21
会場内運営委員会の役割

会場内運営全般に関する業務を行うのが会場内運営委員会の役割です。会場内の配置レイアウト表の作成や機材などの手配だけでなく、会場に関わるすべての備品に関して、何が常備されていて何が使えるのかを確認し、会場の電気容量の算定や朝から夜の時間までの近辺における交通情況なども調べます。

接遇委員会から依頼された控え室の手配や、プレスルーム、記者会見場、ウォームアップ場、ドーピングルーム、事務局部屋などを割り振り、必要なものはレンタル業者に手配します。またプレスルームのLAN環境やテレビの配置、展示委員会から依頼の展示スペースや搬入搬出の段取りも行います。さらに会場にはプロジェクターの数がいくつあり何ルーメン（プロジェクターの明るさ）の機材が何個、予備機が何個というところまで確認し手配します。それだけではなく映像をどの角度で写すことができるかまで会場内運営委員会がチェックします。

会場の数が限られている場合、夕方までセミナー、1時間後にレセプション会場にチェンジするということがあります。その場合は「どんでん」という会場のレイアウトを急に組み替える方法を使います。この「どんでん」をする場合の所要時間の算出、要員、備品の片付け場所、照明音響のチェックなどの手続きをするのも会場内運営委員会の仕事です。

場内運営委員会の業務というのはクリエイティブというよりも漏れがなく個々の作業を補完するという意味合いの現場全体のアシスタントという位置付けで考えてください。

22 プログラム委員会の役割

イベントでは会場を決めることも大切ですが、何をどうするかの中身が一番重要です。たとえば月曜日から金曜日までイベントがある場合、それぞれの時間帯に何をするのか、スポーツイベントであれば決勝戦は何時から何時なのか、国際会議であれば最初に行う基調講演を何時に行って、最終日の総括は何時に行うか。招待状にはそこまでのスケジュールを時系列を追って記さなければなりません。Aの国の人は9時からこのスペースを練習に使って、この時間は休憩、食事はここで摂って、昼からは予選で、夕方から決勝で、記者会見はここでと計画を立てていきます。

プログラムは参加国の事情によって大きく異なります。50人の選手団の国と3人の国では当然プログラムが違いますし、政治的な理由で対立している国同士の時間を振り分けるなどの配慮も必要です。同様に国際会議では注目を浴びる講演には時間を多めに用意するなど、精査してプログラムを作っていかなくてはなりません。

また**プログラム委員会は、国と国の関係だけでなく宗教なども考慮しなくてはなりません。**A国とB国は同じイスラム圏であるため食事はイスラム圏のものでいいのですが、国の事情で仲がよくないため食事の時間帯を別ける必要があるといったケースも出てきます。さらに準備時間のかかる国やお祈りを1日5回しなくてはならない国などそれぞれの事情を考慮しなくてはなりません。また宗教によってはラマダン（断食月）で食事が不規則になっている場合もあります。この場合は夜食をプログラムに入れることも忘れてはいけません。

学術会議の場合は、発表内容もチェックしておかなくてはなりません。Aという理論の賛成派と反対派の講演を続けて行うのも問題です。さらにプログラムを作る上で目玉になる演目を各日にちらして興味を毎日惹かせるのもプログラム委員会の大事な仕事です。

プログラムというのは劇でいうシナリオのようなものです。プログラム委員会のプログラム次第で盛り上がりや感動やすべてのものがコントロールされていきます。よってプログラム委員がイベントの色を付けるという意味では大きな役割を占めると思われます。

23 広報委員会の役割

内容が良いイベントであっても世に知れ渡らない限り成功とは言えません。そのイベントを世に発信するための作業を行うのが広報委員会の役割です。

イベントには参加者主導型のものと観客主導型のものがあります。このどちらを求めるかによって広報のやり方は違ってきます。国際会議などの参加者主導型イベントに関しては参加者が集まれば観客が集まらなくてもいいですし、逆にスポーツ大会のような観客主導型イベントの場合は観客が集まらないと収入も減り、会場も盛り上がりません。

広報活動は**対象のイベントの意義を世間に広めることと参加を促すという2つの要素を持っています。**この2つの要素を遂行するためにさまざまな媒体を使います。媒体として主に使うのがポスターや新聞、雑誌などの紙媒体とテレビやラジオなどの電波媒体、インターネットも使います。

広告のためにいろんなところに配布する事前告知のチラシやポスターは重要です。これは「このようなイベントをこういった形で行おうとしています」と各新聞社空メディアに最初に知らせるもので、同時にネットでも告知を行います。

次に広告費を使わずに配信数を増やすためにプレスリリースを発行し、公共の電波や新聞、雑誌などの各媒体で盛り上げていく方法も使います。オリジナルの業務として広告費などの予算を使い告知するのも広報委員会の役割です。広報委員会の業務として、費用を使う業務と費用を使わない業務双方をコントロールしていかなくてはなりません。

広報委員会は財務委員会とも密接につながっています。**広告を出すことの支出だけでなく、広告費を獲得するための収入部分もコントロールする必要があります。**当日会場で配布されるプログラムの裏にスポンサーを見つけて広告を出してもらう収入面やネットのバナー広告などで収入を得ることも業務として位置付けられます。

また記者会見も広報委員会の役割ですし、話題作りもします。「世界的な選手Aさんが今日本でこっそり練習しています」と選手と並んで写っている写真を公表したり、チャリティーで子どもたちに教室を開いたという情報の発信も広報委員会の役割です。

このように広報委員会は、様々な方法でイベントの存在を知らせるという役割を担っています。

24 登録委員会の役割

参加者個々の対応を行う部署が登録委員会です。不特定多数の観客が集まることを目的とするイベントの場合、チケットの座席割り振りは非常に難しい問題です。この委員会はこのチケットに関しての管理もしなくてはなりません。観客は2人で来る人もいますし、1人の人もいます。また複数で誘い合わせて来る人もいるでしょう。席を割り振るときにレストランのように「詰めてください」というわけにいきませんからそれぞれの希望を聞いていると空席交じりの客席になってしまいます。つまり**チケットの売り方に関してのルールも決めなくてはなりません。**

また学会など特定の人が集まるイベントの場合で**最も難しいのは出席者の情報を収集しなくてはならないことです。**この出席者が何を発表するのかを事前に知るために論文の抄録を作ります。まずこれがわからないとプログラムもできません。この抄録を集め、場合によっては顔写真も集めます。それだけではなく出席者に何日の何時までにここに来てくださいと知らせなくてはなりません。さらにその出席者が発表で使うコンピューターは Mac なのか Windows なのかも聞いておかないと用意ができません。発表ではプロジェクターを使わずに、ＯＨＰを使うかもしれません。さらには助手を必要とするかもしれませんし、アシスタントを活用して参加者にペーパーを配るかもしれません。出席者によっては英語ではなくスペイン語で発表すると言うかもしれません。この場合は通訳を用意する必要があります。このような個々の情報をデータで管理して準備するのが登録委員会です。

スポーツイベントの場合各国の選考の日取りが異なり、プログラムの印刷ぎりぎりまで選手の名前がわからないことがあります。このような場合は事前に調査し、出場しそうな人の写真やデータをあらかじめ取り寄せておきます。また**名前の文字などの誤植も綿密にチェックする必要があります。パスポートの名前と呼び名が違う人もいるかもしれませんし、世間で通っているニックネームと本名が違う場合を想定しなくてはなりません。**私の経験では、世間で通っている名前と飛行機の搭乗リスト、ホテルのチェックインの名前がそれぞれ違うという人がいました。ジーコさんのように、有名人ほど愛称で呼ばれている場合があるということです。

登録委員会はそのあたりの指示も確認して、各手配をしなくてはなりませんし、個々への対応を求められるセクションといえます。

25

展示委員会の役割

展示委員会はメイン会場での展示だけでなく、イベント本体と異なる部分で動く業務がある委員会です。先述したように花火大会などにおける屋台の管理などもこの委員会の業務になります。要はイベント本体の運営と同時に動いている別の部分を仕切ります。

Ｆ１であれば、レース場のお祭り広場で行われるゲーム大会のようなものだと思ってください。**たとえ本体の収益がゼロであっても、サイドから収益を生むといったケースが多いことを忘れてはなりません。**注目度は低いですが、実質ここから大きな利益を生んでいる場合が多々あります。

たとえばアーティストのライブコンサートではチケットの売り上げ収益の多くはステージ運営で費やされてしまいますが、実質の収益は外で売っているグッズなどから得ていると言えます。実はグッズ等の販売価格も主催者側の意向通りに設定できるといった利点もあります。サイドの部分には参加者もあまり気にしていないために、やり方によっては利益を一番生み出すものになるはずです。

最後に忘れてはならないのは、この展示委員会が活発に活動し力がある場合は利益イベントになりやすいということです。

26 旅行委員会の役割

会場へのアクセスのためのシャトルバスを出したり、宿泊輸送を行ったりするのが旅行委員会の業務です。

旅行委員会が機能しないと集客で大きな影響が出ます。いわゆる顎・足・枕といったものに対応した業務全般と考えてください。顎・足・枕というのは、食事・交通・宿泊を意味し、イベント本体とは異なる部分で参加者をサポートしています。

この委員会がうまく機能しなければ会場の足が確保できずイベントの開催が潤滑に動かなくなるという事態になります。さらに役割として大きく求められるのは、**会場までの簡単な交通手段、誘導といった部分です。**

以前代々木公園で開催されたサーカスイベントの場合では、原宿の駅を降りて会場まで交差点がなく、陸橋を渡って行かなくてはなりませんでした。そこまでのアクセスの中で、どこに案内人を立たせて、どのようにして誘導するかも考える必要があります。同時に安全かつ潤滑な誘導はどのように行うべきかも検討します。往路だけでなく帰路についても同じことが言えます。バスや電車以外の徒歩での誘導についてもすべて旅行委員会の業務となります。

27 プロジェクト推進委員会の役割

ここまで話してきた内容がイベントでの組織における各委員会のすべてですが、もうひとつ付け加えたい委員会があります。それがプロジェクト推進委員会です。

イベントにおいて成功を目指すことは当然大事なことですが、**本当に必要な部分というのはそのイベントの生み出したものの価値、さらには将来的な意義を活用して後に活かすということです。**プロジェクト推進委員会においては、プラスアルファを構築するということが業務となります。そしてこれからのイベント運営では最も重要な部分として定義付けていく必要があります。従来にはない役割ですが、この部分に関して新たに提唱したいと思います。

いわゆるストーリー作りというのもこの部分です。総務、財務、旅行などすべての委員会において何らかの課題が残ると同時に、何らかのノウハウが構築されていくわけです。そしてそれがひとつの絵となってイベントとして収益を上げたり、赤字を出したりするわけですが、そこには社会的な貢献というものが必ず残ります。

そして参加者たちには、そこに来たという体験が残るわけです。一度体験した人は次回に足を運びやすいという習性があります。さらに参加者の記憶の中にそのイベントに行ったことがあるというキーワードが残るために、次回の告知を発信すると初めての人よりも反応しやすいのです。つまり既存客と名付けてもいいと思います。その既存客による広告効果は将来的にも活かせます。

加えてイベントにおけるノウハウの蓄積は時代のニーズに合った方法を進化させていくことによって、大きく変化していくこともできますし、他のジャンルとつながることもできます。そこから新しいビジネスへと展開していくこともありますし、さらには国際的な広がりを持つこともあるでしょう。そのような可能性をプロジェクト推進委員会はひとつひとつストーリーとして作っていくわけです。

そして将来的なものに対しての仮の予算、仮のプログラム、仮の進行台本を組み立てていくことによって中期長期のビジョンが見えてきます。これもプロジェクト推進委員会の大きな役割です。

新しく見えてきたプロジェクトを企画書にしてスポンサーに提案することもできますし、自主運営という方向へ動くことも可能でしょう。様々な広がりがプロジェクト推進委員会によって作られた計画により、次のステップに繋がることは間違いありません。ここまでいってこそイベントだと思っていただきたいのです。

第４章

イベントの運営

1 リスクマネージメントの方法

イベントの運営が成功するかどうかは事前の準備にかかっています。いざ始まってしまえば後は予定通りに作業を進めるだけでいいからです。実際イベント開催中プロデューサーはＶＩＰの対応などに追われ、イベント実務はディレクターに任せます。そのイベント開始前に特に重要なのは危機回避のためのシミュレーション作業です。

リハーサルは本番の段取りの確認だけでなく、危機回避のためのリスクマネージメントでもあります。イベントは短期で物事が進むため、当日になって初めての会場、初めてのスタッフという条件で行うこともあります。レースでいえば乗ったこともない車に乗ってレースをするようなものです。ミスは発生して当たり前という考えの中でギアに不具合はないか、燃料は大丈夫かと現場で試行錯誤をします。そこで事故を未然に防ぐのが練習走行でありイベントでいえばリハーサルになります。

危機回避には事前に様々な場面を想定していくシミュレーションという方法と、同時に現場でのリハーサルを活用した追加付帯事項を登用するという二つの方法があります。様々なトラブルの可能性をどこまで防ぎきれるかをリハーサルを通して考えます。

会議でプロジェクターを使う場合になぜリハーサルをしなくてはならないのかを考えてみましょう。機械の設置場所を決めるためにまずプロジェクターの投影距離を測ります。ベストな距離を見つけたところでどういうことが起こりうるか考えます。あるポジションからスクリーンに投影すると、投影する機械の前の席は利用できなくなります。また機械の真後ろ辺りの席もスクリーンが見えなくなります。つまりプロジェクターがしっかり映し出されるといったこと以外の本来予定されていた座席が使えなくなるといったリスクが発生するということになります。

プロジェクターひとつとってみても機材の輝度の明るさをどのくらいにすれば全体が見ることができるのか、プログラムに合わせて部屋の照明は段階的に調節できるものなのか、電気をつけたままスクリーンを見ることが可能なのか、機材の位置や高さはスクリーンに対応できているのか、映像は台形補整ができるのかなどもチェックしなくてはなりません。

それだけでもリハーサル時のチェックポイントがたくさんあり、リスク回避の方法が山ほどあるということがわかります。それ以外にもチェックすることは、コンセントはプロジェクターまで届くのか、場合によっては延長ケーブルが必要なのかなど。またケーブルを這わせるのにお客さんの導線を防いでいないか、それが歩行の邪魔になり足を引っ掛けることにならないかもリスクとして確認しなくてはなりません。それだけではありません。このプロジェクターはスイッチを入れてから起動するまでにどれくらいの時間がかかるのか、さらに万が球が切れた場合のことを考え球の入れ替えは可能なのか、時間はどのくらいかかるのか、ここもチェックしておかなくてはなりません。

更にパソコン(Mac と Windows の両方)を繋ぎ、機械同士の相性がいいかどうかもチェックしなくてはなりません。次に電源を落とすのにどれくらいの時間がかかるかも見ておきます。意外と気が付かないのは機械のノイズもチェックしておくことです。また発表者によっては自前のパソコンで行いたいという要求もあります。この場合はパソコンの入れ替え方法もリハーサルで行わなくてはなりませんしパソコンを置く台や位置も確認しておかなくてはなりません。たったひとつのプロジェクター設置のリハーサルでさえ、このように様々な事項がリスクとならないように事前のチェックが必要になります。

またステージの上ではプロジェクターを使ってパネルディスカッションをする場合もあります。その場合ゲストの入場の方法や登壇下壇の方法や上手下手のチェック、**実際に時間軸に従った進行台本を作った中で行います。しかしほとんどの台本は机上で作られるため、コメントの時間やアナウンス原稿を読む時間が押す場合が多いのです。**早めに進むことはあまりないと考えていいでしょう。慣れていないプロデューサーほど進行計画が甘く時間が押すことになります。

進行のタイムスケジュールの例として、前の人が15分の講演とします。その後パネルディスカッションを20分、その進行のリハーサルを実際にやってみて気づくのは壇上に上らせるのに数分かかるということです。つまり進行台本にはステージに上らせる時間や退場する時間、マイクのセッティング変更の時間などを計算しなくてはなりません。同時にマイクのハウリングチェックも必要です。特に機材類に関しては不具合が発生する可能性がありますから必ず通しのリハーサルを行っておかなくてはなりません。

さて次に別の機材について書きます。同時通訳機材の話をすると最近の会議ではFM波というのを使って同時通訳を行います。このFM波が混線することも考えなくてはなりません。よくあるのは会場になっているホテル自体がFM波を使用していて混線することです。そういう場合は有線にしてしまう方法を選びます。

スタッフへの指示系統を出すためのトランシーバーも同じです。トランシーバーを使ったことがある人はわかると思いますが、いくつかあるチャンネルの3分の1くらいは必ず混線しています。どのチャンネルをメインに使うかはリハーサルのときに決めておきます。またリハーサルのときにホテルのFM波が実際に飛んでいるかどうかを確認し、飛んでいないようであれば飛ばしてもらうようにリクエストを出しておかないとリハーサルと当日で違いが出てしまいます。

トランシーバーにおいても各業者が集まるのは当日となります。**実際には当日のリハーサルというのも事前リハーサル以上に欠かせないものとなります。**リスクというものは様々なところに潜んでいます。

国際会議における通訳に関してもリスクマネージメントが必要です。よくあるのは発表者の言葉の癖の問題です。今日の発表内容が癌のシンポジウムだとします。通訳士は発表者の事前原稿をネットでチェックし、癌の専門用語を覚えてきます。ほとんどの場合リハーサルの段階で初めて発表者に会います。発表者の言葉になまりがある場合が多々あります。その話し方の癖を少なくともリハーサルの段階で話し込んでおかないと本番で苦労します。このときに何を発表するのかもある程度聞いておくと通訳しやすくなるはずです。つまり発表者と通訳士を事前に会わせることによってリスク回避ができるということになります。

また、当日集まったスタッフの能力のチェックはリハーサルだけでは不可能です。この場合は別の日にリーダーだけを集めてオリエンテーションを行います。この段階でリーダーを入れ替えることも可能です。**リーダーが業務を把握していれば、当日のスタッフの能力に関係なくある程度は問題なく進むためにリーダーたちのオリエンテーションは重要です。**

マラソンのようなスポーツ競技のイベントの場合でもリハーサルは必要です。その場合のリハーサルとはコースを走ることではなく、コースを事前にチェックするためのリハーサルです。コース上の道路で駐車禁止エリアであるのに車がたくさん停まる傾向にある場合「ここは何月何日大会がありますから通行禁止になります」と事前に告知します。前日のリハーサルでこの車は明らかにここに置きっぱなしになると予測できた場合はレッカー移動を速やかに行わなければ当日混乱が起こります。コースをふさぐだけでなく大会自体の運営に支障をきたします。

スポーツイベントにおけるリスク回避はそれぞれが思いがけないところで運営に支障をきたすということがたくさん起きるということを考えると慎重に行わざるを得ません。

2 ミスをミスに見せない運営方法

リハーサルを行い、様々なケースを想定していてもミスが起こることはあります。ここではミスをしたときにどう回避するかを考えてみましょう。

まず正しい運営方法は**ミスをミスに見せないことです**。サーカスの場合でも本番で演者が手に持っていたバトンなどの道具を落とすことがあります。最初からこれは必ず起こり得るミスだと考え、リハーサルでは失敗した場合はその段階で演目は終わったことにする練習もします。バトンを落としたら拾い上げて続けるのではなく、その他のバトンも放り投げてそこでショーが終わったように見せる演出にします。するとミスではなく終了したというように観客に伝わります

先述のプロジェクターにおいても球が切れた場合、照明を落として代わりのものを別のところから映してゆっくり休憩に入らせる流れを作ることで会場は落ち着きます。このような起こりうるトラブルをうまく処理するために、ミスをミスに見せない対処法をリスクの高いところにいくつか用意しておくことが必要です。

観客がこれはもしかしたら不手際ではないかと思うことに対してどのように対処していくか、また観客の目にどのように映せるかを考えていくのです。

入場者数が多いイベントの場合はスタートが遅れることが事前に察知できます。この場合は先に入場した人が開演まで長時間待つことになります。その場合観客に退屈させないためにスクリーンを使い何らかの演出を行う必要があります。

また人が入りすぎて室温が上昇したときにどうすればいいかも考えます。そういうときはトイレ休憩を入れて会場内から人が減ったときに冷房を強くして室温を下げるなどの**観客にわからないようなリスクマネージメントが必要です。**

退場のときに何千人もの人が一斉に動くと事故が起こるかもしれないと想定できる場合はブロックごとに誘導退場にします。さらに物販で商品が売り切れてしまい騒ぎになることも想定し、ネットで予約販売ができるように準備しておきます。

このようにイベントでは常にミスをミスに見せないことが大切です。どのようなミスがあるかということを考えて、そのための対処法をプランA、プランBというようにスタッフに伝え準備しておくこともプロデューサーの仕事です。

3 新時代のパブリックコントロール

それぞれのイベントには内容を象徴し、統一されたイメージやマークやロゴがあります。その統一されたイメージを基にイベント自体のクオリティを追及し、顧客の信頼や共感、価値を高めた全体のイメージをブランディングといいます。

あるイベントは何度も公演を行うことで面白くてクオリティが高いというブランドが確立され、簡単な告知をするだけで毎回満席になる盛況ぶりです。ところが**ブランドというものは非常にあいまいなもので、瞬く間に良くもなり悪くもなります。これを常にいい状態に保つためにパブリックコントロールを行う必要があります。**

このパブリックコントロールとは、企業が広告を出すのとは別に一般の記事として扱われる広告もしくは取材など、企業発信に見せない第三者的な公的なツールを使った広告と考えてください。このパブリックコントロールを行うには取材されるための手法も必要になってきます。

パブリックコントロールを行うことにより人の気持ちや作用をコントロールして、社会全体からイベントの価値を高めていくという雰囲気作りをすることができます。加えて広告を使うことで相乗効果が発生し**パブリックコントロールと広告の両輪でイベントの大きな集客告知ができる**

ことになると考えてください。

実際に人が来て、内容の良さで評判が上がっていくとブランド力は高まっていきます。これを実現するために必要なのがマーケッティング技術です。

一番何が大切なことはトラブルが起きたときに適切な対処が出来るかどうかです。人は良いことよりも悪いことに対して注目する傾向にあります。つまりトラブルが起こったときこそ逆にアピールする最大の場であると考えなくてはなりません。

パブリックコントロールでは悪いことに対してそれを逆手に告知を広げていくという手法も身に付けなくてはなりません。マイナス部分を告知につなげていくという方法は新しい時代のパブリックコントロールであると言えます。トラブルの対処法を知らないと些細なことでイベントは失敗しますしブランディングもできません。

富士スピードウェイで行われたＦ１は複数年の権利があるにもかかわらず2年で撤退しました。撤退せざるを得なくなった原因はブランディングの失敗でした。見えにくい席があるとか交通渋滞の問題などよくない噂が流れ、主催者の評判が落ちていきました。世の中はＦ１が開催されたことよりもこのようなトラブルの方が記事になりやすいのです。だからこそそれらをコントロールしていくパブリックコントロールが最大の広告効果となります。このときはその手法を使うことなく消えていきました。

イベントでは必ずトラブルは起きると考えるべきです。そしてその対処が最大のマーケッティングになるということを理解してください。どのようなイベントにも大きな落とし穴が控えているので各々の対処法をマスターしなければなりません。

パブリックコントロールを失敗した例と成功した例を挙げます。アメリカの機関車トーマスのおもちゃを売っている会社が中国産の塗料を購入していましたが、その塗料は有害物質であることがわかりました。同じような時期にジョンソン&ジョンソンが出している製品の中にも中国産の原料を使っているものがありました。これも同様に有害だということが発覚しました。

まったく同じような2つの事件ですが、片方は深く信頼され、もう一方は信用を失墜しました。信用を失ったのはおもちゃの会社でした。おもちゃ会社はこの塗料作った中国の業者が悪いと発表したからです。この会社は責任転嫁をして中国のクオリティの低さを攻めました。しかしその中国業者を選んだのは誰だと世間の反感を買ってしまいました。一方を責めたところで選んだ責任はどこへという顧客心理の読み間違いがありました。

一方ジョンソン&ジョンソンは一貫して企業のトップが不眠不休でインタビューに応え、謝罪と対処法を説明しました。それにより企業イメージをむしろプラスに向けることが出来ました。**パブリックコントロールにより露出が増えたことを逆手に取りプラスの方向にもっていくことに成功したのです。**この2社の違いは対処の方法にはルールがあるということを知っていたかどうかです。

別の例ではニューヨーク911のテロ事件時のジュリーアーノ市長の話があります。当時は女性関係のスキャンダルにまみれて支持率は最悪の状態でした。ところがジュリーアーノ市長は911の事件発生時真っ先に現場に駆けつけて、メディアに何度も登場しました。勇敢な消防士たちを激励し、先頭に立って救助活動を行いました。この日からジュリアーノ市長は市長の中の市長として名声を帯びました。その後市長としての力もアップしていきました。結果、ニューヨーク市自体の安全性が高まってきました。**このようにパブリックを活用した信用の回復こそがまさしくパブリックコントロールの真骨頂といえます。**

ハリケーン・カトリーナという未曾有の被害を出した台風が発生しました。そのときにジョージブッシュ大統領は3日後に現地にヘリコプターで来て一瞬顔を出してすぐに帰りました。アメリカ国民に向けて行った演説では、ある人物の活躍を賞賛しました。ところがその人物は後に災害時にゴルフをしていたことが判明し解任されることになったのです。このことでブッシュ政権は終わりました。

パブリックコントロールをする際に重要なことが4つあります。

1つ目は透明性です。

物事を包み隠さず発表することではなく、ノーコメントと言ってはいけないということだと理解してください。この言葉は不信感を生むだけで何のトラブル回避にもなっていません。隠さざるを得ないところは隠していいのです。その後にしっかりインフォメーションを出すということが重要です。さらに話すときに専門用語を多用しないことも大切です。震災時の放射能問題でも専門用語や数値単位を羅列して乗り切ろうとしていました。これでは解決どころか不安を煽ることになってしまいます。聞き手が意味を理解できるような話し方をするべきです。そうすることでリスクを信頼に変えられるわけです。

それから弁護士に相談しますと言うのも間違っています。これは法的なリスクとブランドリスクは異なるということをはっきり理解していない発言です。ブランドリスクというのは法的なリスクと必ずしもマッチしないということです。法的に訴えられるからここまでしか話せないというのはブランドを失墜させることになりかねないのです。

2つ目は専門性の提案です。

自分たちがその分野の専門家であることをわかってもらうことが大切です。問題になっている分野では我々はこのような研究をして一定の成果が上がっているということを示す必要があります。もしそのような能力がない場合は「能力のある人を呼んでいます」と言うだけでもいいわけです。問題点や事故などに関して、内部で処理するのではなく危機管理の専門家を呼んで対処していることを前面に出します。

3つ目に大切なのがコミットメント（約束）です。

危機対応をしたときに約束をしっかりできることが求められます。どういうことかというと、決定権者がその場にいるといったことでいいのです。

イギリスのバージンアトランティックグループのバージンアトランティッククレイルウエイが列車事故を起こしたときにブランソン会長は家族旅行を即座に切り上げて真っ先に現場に駆けつけ、メディアの前で「私はここにいるから、何かあればすぐに言ってくれ」と自らスポークスマンになって発表しました。それによって会社の信頼は安定しました。

これと真逆の行動をとったのがトヨタでした。アメリカで安全装置の問題でトラブルを起こしたときトヨタの社長がアメリカに渡ったのは事件発生から1ヶ後でした。その間にアメリカのトヨタ車の販売実績は激減しました。すぐに渡米して対処していればここまで大きな問題にはならなかったはずです。

4つ目は共感です。

子どもを抱きしめてもいいですし、どろまみれになってもいいのです。一生懸命に親身になって問題に取り組む姿を見せることが重要です。

この4点をクリアすれば、ほとんどの問題は解決するはずです。

イベント運営ではトラブルがつきものですから、プロデューサーはパブリックマネージメントのポイント4点を常に考えておく必要があります。これらがしっかりできている場合はトラブルがあった方がいいＰＲになる場合さえあります。それくらいの心構えでリスクを考えてください。

プロデューサーの中にはリスクをあまり考えずに間違いを犯す人もいます。イベントそのものが愛されているのと、そのイベントを運営している人が愛されているのでは意味が違います。ワールドカップのサッカーでいうとサッカーというスポーツは愛されていますが、ＦＩＦＡそのものが愛されているかというと現実にはそうではなく、批判の対象になりやすい存在になっています。

ところが運営している人たちはまるで自分たちが愛されていると勘違いしがちです。そのためにこれぐらいはいいだろうと勝手に考えてトラブルを起こしてしまいます。実際世間の目は運営サイドに厳しいということを知らなくてはなりません。

アメリカのある調査によるとイベントの運営者に対する共感度はたったの11％となっています。これは中古車販売の従業員と同じ数値で、あまり信頼度は高くないということです。決して過信することなくまじめに仕事を進めなくてはなりません。

4 メディアの動かし方

メディアを動かすことはイベントプロデューサーとして重要な仕事のひとつです。ここに2つの軸が入った表があります。縦軸は社会的重要性で、横軸は一般的関心度を表しています。この軸によってメディアはどのように動いていくのかを説明したいと思います。

まずニュースはどのように生まれるかをこの軸にそって考えてみましょう。社会的重要度は高いが一般的関心度が低いといった部分に位置しているニュースは、タイムリーには騒がれずに後に雑誌などで分析記事として出てくるものです。

次に社会性重要度が低くて一般的関心度も低いという場合は、ただの普通のニュースとして流れていきます。そして社会的重要度は低いが一般的関心度は高いもの、いわゆる芸能ニュースなどはバラエティ番組のニュースとして出てきます。また社会的重要度が高くて、一般的関心度も高いものは有象無象の物語が出来上がってニュースが一人歩きし、良くも悪くも展開されていきます。この表からいまの世の中のニュースの傾向がわかります。

プロデューサーはこれらをコントロールする術を身に付ける必要があります。関心度の方向を自分の思う方に向けていくことが必要です。一見普通のニュースでも芸能人の名前や子ども、美

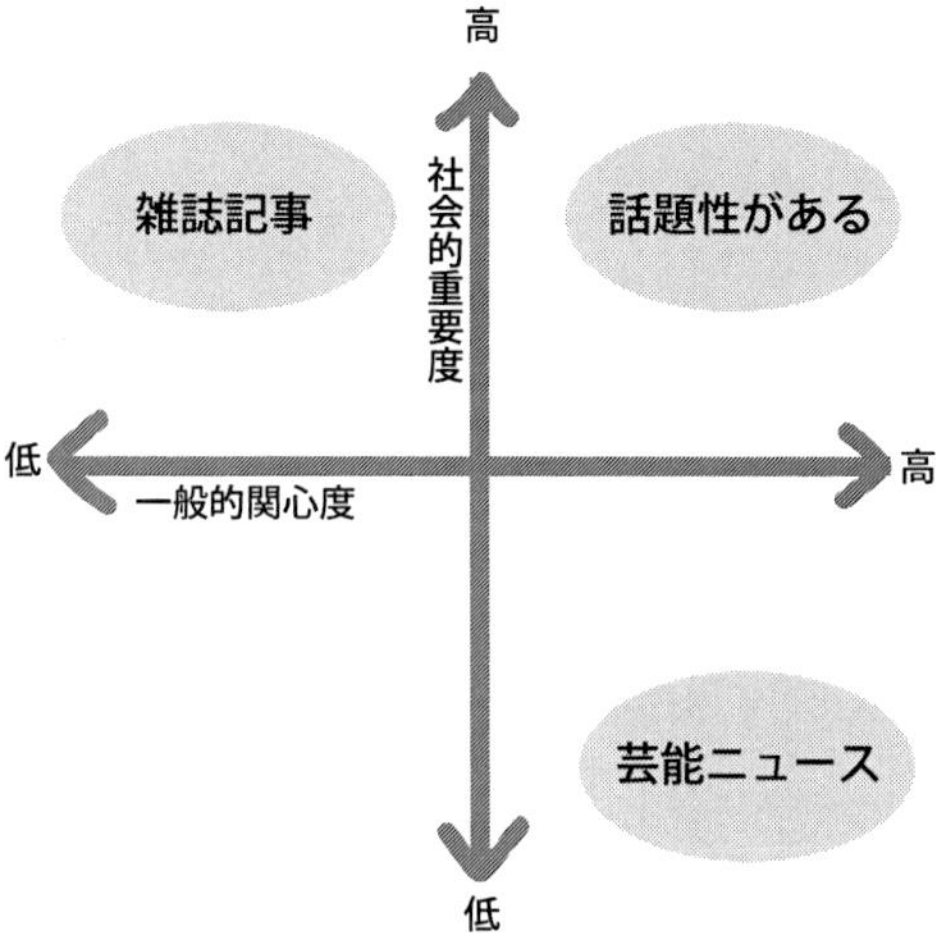

人といった特定の言葉が入るだけで関心度は増します。

たとえば東名高速道路で交通事故が起きましたというニュースであれば、社会的重要性も関心度も低いですが、2歳の子どもが乗っていましたと言うだけで関心度は上がります。さらに社会的重要度を上げるのであれば、車のブレーキに欠陥があったのではないかという疑惑を付け加えていきます。

イベントの場合も同じです。主催者がトラブルを起こした場合この表のどこにいるのかを見ます。悪いポジションにいるのであればこのポジションをよい方向に変えることを考えなくてはなりません。逆にいいことで発表されるのであれば、その関心度をさらに上げるためキラーワードを付け加えていくという努力をするのです。

このような**関心軸をイベントプロデューサーは**

世間に対して敏感に判断して情報発信していかなくてはなりません。

あるイベントで演者の一人がマリファナを所持して逮捕されたことがありました。この場合イベント自体が一般的関心度が高いうえに、このマリファナは社会的重要度が高いと考えなくてはなりません。このままいくとイベント自体の存在が危ぶまれる有象無象の物語がマスコミから出てきかねません。

プロデューサーとしてそれは阻止しなくてはなりません。そこで「演者がマリファナ」という高い関心度に関して、この当事者は演者の中でメインの人物ではなかったと発表します。例え重要なポジションだったとしても、いてもいなくても公演自体は変わらなくできることを言い、雇用契約的にも短期であったというように発表します。そうすることでその人への関心を下げていきます。社会的関心度の高いマリファナとイベントをつなげさせないために、この演者がマリファナをやっていたのは海外でのことで、日本に間違いで持ち込んでしまったという報道に流れをもっていきます。さらにこの事件でこの演者との契約は終了したと伝えます。

このように軸に当てはめていきその位置を変える行動や発表をすることでイベントのメンツを保ちます。プロデューサーとしてこの処理を失敗することだけは避けたいところです。もし失敗するととんでもないことになっていくことは明白です。

メルセデスベンツはお金持ちのクルマだというイメージがありますが、メルセデスベンツは大衆も顧客にしていかななくてはならないという危機感を持っていました。大衆車にトライしたいという野望を実現する方向へと進み、ついに巨額の費用を投資してAクラスという大衆車のプロモーションを開始。このプロモーションは大成功して、メルセデスベンツがこの分野にどんどん進出してくるのではと勢いづいていたところに事件が起りました。

ヨーロッパで商品のムーブテストがありました。これは時速60キロ以上のスピードでコーナリングをして安心かどうかのテスト走行でした。そのときにAクラスがわずか1台だけ横転したのです。そのことに対してAクラスの発表会での記者会見である記者が質問しました。「ムーブテストで横転したと聞きましたが」と言いました。この質問に対してメルセデスベンツは無視したのです。後にメルセデスベンツが発表したのは、60キロでノーブレーキでコーナーをまわるというのは現実的ではない、だいたいそのテスト自体に意味があるのかという論調でした。

ところが世間はそのテストの重要度よりも質問を無視したことに対してこれまでの共感を失いました。ニュースに火がついて、ついにAクラスの信頼は底辺まで落ちました。そのときに経営陣は青くなりその後リスクマネージメントの専門家を雇い、企業のパブリックコントロールが始まりました。その結果Aクラス以上のクラスには付いていた横転防止装置を無償ですべてのAクラスに付けるという発表をしました。

ところが先述したようにいいことはあまりニュースになりません。その対処法として関心度を上げなければならないことは明白でした。そこで横転したときと同じＦ１ドライバーを再度雇って何度もテスト走行を行い、そのドライバー本人に安心だと言わせたのです。それをきっかけに関心度は上がり、ニュースとして多く取り上げられて信頼度が戻ってきたというわけです。

ここにパブリックコントロールの失敗例と成功例の両方があります。当初の対応はパブリックコントロールの失敗例ですが後の対応は成功例といえます。このようにパブリックコントロールを誤ることで企業の浮沈が決まるといっても過言ではありません。

日本のイベントマネージャーや企業トップがリスクマネージメントで失敗しがちなのは、言われのない言いがかりを言われたときに、黙って握りつぶそうとすることです。どのようなことでも関心度の高いことに対しては一蹴してはいけないということを知っておいてください。

さらに**トラブルが起ってしまったときは、人間の感情がどう動くのかを知ることで解決は早まります。**そのためにはまず、悲しみの5段階といったものを知らなくてはなりません。

イベントでトラブルが起り、みんなが悲しんだとします。悲しみの第1階では、物事を受け入れられない拒否感が始まります。「そんなはずがない。起こるはずがない」と受け入れないのです。

第2段階では、トラブルに関連のあったものに対して「ミスがあったのでは？なぜ私が…」と怒りが出てきます。

そして第3段階で「なんとか元の状態に戻らないか」と怒りの鉾先を抑え切れずに取引という状態が始まります。ここで取り引きが進んだ第4段階で抑うつという感情が始まります。

最後の第5段階目にその悲しみを受け入れる受容という感情が起こり怒りは完結していきま

す。

人を怒らせた場合に、早くこの受容という段階に持っていけば解決が見えるということです。プロデューサーは**人間の感情をコントロールして受け入れさせるためにどのようにすればいいかを常に考えなくてはなりません。**

人の怒りの本質は理不尽なものです。例えば関西人が嫌いで差別をするAさん。誰に対してもひどい言葉を使ってすべてを差別するBさん。この場合どちらの人が叩かれると思いますか。実際にはすべてを差別するBさんの方がひどいのですが、叩かれるのは特定の一部を差別するAさんの方です。

人間の怒りの感情の本質はそこにあります。特定の人を差別するほうがイメージされやすいから印象に残りやすいのです。すべてに対して差別するのはイメージが薄れるのです。何かが浮き立つことによってそこにバッシングが生まれます。

さらに**人の心に関して何が理不尽かを理論的に知っておくことも大事です。**ここに5人の人がいて、このうち1人を殺さないと残りが助からないとなったときに、それをくじで選ぼうというのは罪悪感もなくほとんどの人が賛成します。ところがくじもせずに実際に殺す行動に出ることは誰もができないのです。

この心理を使って行うのがパブリックコントロールで、より具体的なイメージを植えつけることで人は悪い方向にもいい方向にも進みます。

言い換えてもうひとつ説明しましょう。ここに100万ドルがあるとします。そのお金の使い方が2つあります。1つ目は目の前で死にかけている子どもがいてその子を治療するという選択肢です。

2つ目は目の前の子どもを助けるのではなく、同じ病気にかかった他の人も救えるように治療する機材を買うという選択肢です。

この2つの選択肢の中で人道的矛盾が発生することになります。それは何かというと、この場合目の前にいる子どもを治療しないとバッシングを受けます。冷静に考えれば機材を買って多くの人を助ける方向に進むのが合理的な考えです。ところが目の前の子を助けるほうがバッシングに合わないという事実で人は機材を買わずに目の前の子を助ける方向に動いてしまいます。

このようにより**具体的な方向に人の気持ちは流れていくということをプロデューサーは知らなくてはなりません**。

もし100万ドルで機材を買うという行動をとるのであれば、機材を買うことによって目の前の子どもも救える可能性があるし、具体的な例を出して主婦のAさん、老人のBさん、働き盛りのCさんといった人たちも救えるという具体性をパブリックに提示することによって共感を得るべきです。そうすることによってパブリックコントロールは成功するでしょう。

5 直前期のポイント

イベントには準備期間と本番がありますが、本番の1カ月ほど前から開催までの間を直前期とします。この期間はプロデューサーにとって1番忙しい時期です。これまで述べてきたようにイベントは開催までにすべての流れができ、それ次第で成功も見えてきます。その最終段階の作業がこの期間に行われます。直前期は言い換えると契約書作成期と言え、同時に契約内容のチェックも行います。

どういうチェックがあるかを紹介します。契約書作成では最初に税務を考えます。スポンサーや行政に対してこの時期に最終的な契約書を作ります。入金や振込みに関して詳細を詰め、手形なのか現金なのかも明確にしておきます。

また特定の人に関しては、委任状を出して何かをするとかプロダクションに対して契約書を発行し、領収書を用意するなどはすべてこの直前期に行います。その中で無視できないもののひとつに収入印紙代があります。領収書に収入印紙が貼られていない場合は罰則として3倍を徴収されますから予算計上のときに収入印紙代を忘れないようにしてください。

この時期にもうひとつ行わなければならないことは各種の申請書を作成することです。スポンサー料を寄付金として扱う場合、非課税の申告をしなくてはなりませんし、国や地方の公共団体から予算を計上してもらっている場合も非課税申告という専用の申請書を提出しなくてはなりません。非課税でない場合、1000万円の収入に対して300万円ほど課税されることが考えられるため、申請は収支の大きなポイントになります。

また特定の目的のために指定寄付金制度というのもあります。この制度を利用するためにはイベントが申請に値する企画であることを説明する書類をプロデューサーが書かなくはなりません。申請を指定研究法人に通すことで非課税になります。指定研究法人とは、名の通ったところでいうと日本赤十字、日本育英会、理化学研究所などが挙げられます。プロデューサーはこのイベントがどこの指定研究法人に当てはまるのかを事前にチェックしておかなくてはなりません。

次に出演者や講演者に対して必要な源泉所得税を考えます。源泉所得税とは、個人の出演料や原稿料、デザイン料などに課せられる税金です。また弁護士や会計士の報酬にも10％の源泉所得税がかかります。1回の支払い金額が100万円までが10％、それを超えると20％を納めなくてはなりません。つまり受け取る側は、100万円の支払額より99万9999円の方が受け取る金額は多くなります。250万円の出演料であれば、節税を考えて3回に分けて支払う方法を選択することもできます。そうすれば1％の源泉所得税だけでいいことになります。

さらにイベントで出る賞品や賞金に対しても源泉所得税を考えなくてはなりません。賞金の場合は20％を納めなくてはなりませんし、ダイヤモンドなどの高級貴金属品や不動産などの場合は時価の10％が源泉所得税として徴収されます。

以上のように**直前期に契約書のクロージングの部分をしっかりしておかないとトラブルの元になり各方面の関係も非常にギクシャクすることになります。**せっかく本番への準備を進めてきてもこの最終的なクロージングの時期にしっかりしておかなければイベント自体失敗に終わることになります。

商品で物納する場合の税金について考えてみましょう。

車を賞品で出すことがありますがもらう人も税金を払わなくてはならないことはあまり知られていないことです。車の正価格が１５０万円であれば、その60％の更に10％が税金になります。

外国人の場合の源泉所得税はどうなのかを考えてみましょう。外国人の場合は20％が源泉所得税として決められています。海外の大物タレントなどもそれにあたります。たとえばある大物ミュージシャンの日本公演のギャラが３億円だとすると源泉所得税は20％の６０００万円にもなります。

法律では租税免除国という国が34カ国あります。（２０１２年６月時点）これは日本が租税免除条約を締結しているものです。国によって免除というものと軽減というものに分かれます。スポーツやコンサートなど海外から人を招待するイベントは数多くありますが、どの国が免除国なのかを間違いのないようにチェックしておかなくてはなりません。

なぜかというと税務署は免除国の人だからといって自動的に免除するわけではないからです。**免除を受けるためには事前に所定の申請を出さなくてはなりません。**このようにプロデューサーには多くの知識が要求されます。

6 契約の解除でリスクを避ける

各種の申請手続きを行った後に契約書を交わします。そこでプロデューサーとしてははずせないのが契約の解除についてです。

基本的な文章としては**「暴動・内乱・天災・地変その他、主催者の責任なく大会の全部もしくは一部が中止され、または参加選手もしくは参加国がいちじるしく減少し、契約の目的を達成することが実質上困難になった場合は契約を解除し（全部または一部）、支払い済み代価の返還を請求することができる」という一文を入れるだけで、主催者のリスクを避けることができます。**

日本ではアウトドアイベントが多いが、その場合「雨天中止の場合」という条項も必要になります。**「試合または各競技に伴う一切の経費は主催者または広告会社が負担するものである。ただし雨天その他の事由により予定通り挙行されなかった場合でも別紙予定表の実費のみは主催者または広告会社が負担するものとする」という一文も必要です。**

雨天の場合はここだけ負担しますという表示をしておかなくてはなりません。「雨が降ったら破産だ」と言うプロデューサーがいますが、事前にしっかりと契約を結んでいれば何の問題もないはずです。

さらに必要なのは**事故マニュアルを作っておく**ことです。あってはならないことですが、万が一何かの事故が起こった場合に事前に対応マニュアルがあったかどうかが後々の議題になることが多いからです。

できるプロデューサーは各種の保険にも精通しています。どのような保険があるのか紹介しましょう。

興行中止保険の対象は悪天候や自然災害、突然の病気などで出演者の出演不能、交通のストップなどでの支出者の臨時費用の90%は保証されます。施設の欠陥や管理ミス(自分たちの管理ミスも含む)、飲食の事故、観客同士のけんかでの事故における修理費や入院費、給料保証までが保険の適用内です。**プロデューサーであればこれらの保険に入ることを主催者に事前に提案すべきです。**出演者、観客、アルバイトスタッフの事故や傷害に対しては傷害保険に入る必要があります。

次に入っておくべき保険は動産総合保険です。イベントの機材や展示品の火災や破損に対しての保険です。これは時価額を補償するだけでなく残存物の片付け費用まで保証しています。その他もケースによって入っておいていい保険としては火災保険があり建物、内装、什器、備品などに適用されます。もうひとつテントなどの会場を設営する場合には、建物組立て工事保険があります。組み立て中の事故をカバーできます。

次に国内旅行傷害保険があります。これは数百円の掛け捨て保険料で命が保証されます。なぜこのような保険に入らなくてはならないかと言うと、万が一の事故のときに面倒な事後処理を保険会社が代行してくれるという便宜性にあります。

さらにイベントによっては大きな駐車場が必要な場合、駐車場内のクルマの損害を補償する自動車管理者賠責保険というのがあります。博覧会や大きなイベントの場合、主な内容を備えた博覧会総合保険というのもあることを覚えておいてください。

すべてに加入する必要はないにしろ、**将来起こりうるリスクを最小限に押さえるという手はずは保険商品の活用としてプロデューサーは覚えておく必要があります。**

7

規制事項のコントロール

契約書の次に確認すべきことは、各種の規制についてです。主催者そのものがイベントの参加者に対して行う規制としては、カメラ・レコーダー等の持ち込み禁止規制や児童の入場禁止などです。これらは法律で決められていることではなく主催者側が決めるものです。**入場制限や騒音のために太鼓や鳴り物禁止などは周辺の町内会との協議によりプロデューサーが決定しなくてはなりません。**

規制は主催者側で決めるものばかりではなく、行政が法的に行っているものもあります。ゴミに関すること、建築物の高さ、建物の美観などもあります。さらにレーザー光線の使用禁止や会場独自のエレベーターの重量制限、物販の禁止といった会場が独自に決めた規制もあります。落下の禁止やヘリコプターからのパラシュートで降りてくるものなどにも規制があります。また宗教イベントは禁止、音楽イベントでのロック、ヘビメタは禁止というのもあります。時間の規制もあります。国や公共機関が運営している場合は使用料よりもルールが優先されます。

さらに公益法人規制というのもあります。例えばスポーツの団体や協会によるもので、選手のテレビ出演やコマーシャル出演を団体が許可しなくてはならないといったものです。以前大手町の真ん中でストリート陸上というイベントがあり、参加者の中にオリンピック選手がいました。ところがJOC（日本オリンピック委員会）では、アマチュア規制に抵触するということでギャラのあるイベントに参加してはいけないという規制を設けていました。そのような中でイベントを再考していくということを運営者は考えていかなくてはなりません。

自治体にも規制事項があります。

東京都の場合、興行する場所の営業許可が要です。興行上の構造設備及び衛生措置の基準等に関する条例というのがあります。その3条1項に市町村の在する区域において、興行を経営しようとする者は東京都規制で定められる事項を記載した書類を提出し知事の許可を得なくてはなりません。この規定の中にトイレや照明、喫煙所の数まで決められています。営業時間も決められています。それを**知らずにイベントを行って行政から差し止めを受けるといったリスクを受けることもあります。そうなればイベントが台無しになるだけでなくイメージとしても大打撃を受けることとなるでしょう。**

このようにイベントは場所さえあればできるといった単純なものではありません。だからこそイベントプロデューサーはこのような様々な規制を知識として知っていなくてはなりません。

8

規制に対しての申請

無数にある規制を理解して**各窓口に申請するのはプロデューサーの力量の問われるところです**。そして地方自治体ごとに規制は無数にあります。

最もよく問われるのが酒類の販売に関しての規制です。イベント会場でお酒を販売する場合、申請して酒税法における認可を取る必要があります。**常設ステージなどで缶ビールを販売するのは酒税法ではぎりぎり許されますが、コップやグラスに入れて出す場合は違反になります**。したがって酒類の販売を計画している場合は、東京都であれば東京国税局に申請が必要です。

次は海外からの関税についてです。海外から展示出品がある場合、日本に持ち込まれた時点で関税を徴収されます。この関税は非常に高く、申請を出さずにそのままにしておくと商品の100%や50%といった場合もあります。

必要以上の関税を取られないように保税措置を取らなければなりません。この保税措置を取るためには、東京税関に保税申請書を出します。申請が通ったものに関しては関税が0%で持ち込むことができます。

ここで注意すべきは、**展示品は梱包しているままの形で出さなくてはならない**ということです。

そしてそのままの状態で写真を撮られます。通関後も梱包している箱は捨ててはいけません。もし中身だけのまま梱包なしの場合に保税措置した後で梱包も見せると「これは元の形を満たしていない」といった理由で関税対象になってしまいます。

このような保税措置の申請に関しては参加者個別に各々が独自に行わなくてはならないとなると参加企業が減ります。それを回避するためにあるのが保税展示場許可です。**この許可は保税のことに関して理解している運営者が行っている展示会であるという理由で、保税展示許可申請書書式C3320の提出で手続きが簡素化されます。**この申請をプロデューサーは東京税関に対して行います。展示物の申請に関して基本的に必要なものは、申請書と仕入書の2通、包装明細書、内容の説明書（ワシントン条約などがあるため）などです。

各地で開催される国際映画祭の場合「映画フィルムの取り扱いに関して」という規制項目があります。まず**開催期日は10日を越えないことを前提に、趣意書を提出して映画フィルムに関しての保税措置を取る必要があります。また申請をしないと今度は日本から海外に持ち出したときに輸出するとみなされてさらに税金を徴収されることにもなります。**

動員数が1000人を超える大きなイベントを計画する場合は、運輸局に対して人が動くということを事前に提出しなくてはなりません。鉄道の場合は運輸局の鉄道保全課、パスの場合は運輸局の自動車交通部旅客第1課です。ここに相談することで場合によっては増便を出してもらえることもあります。**プロデューサーの使命として、人の流れを予測して関係機関に届けておかないとトラブルが発生したときに責任を問われることとなります。**

さらに大型のイベントではゴミの問題があります。ゴミ処理は深刻な問題で、大量のゴミが出ることを予測して東京都の場合は清掃局の都庁ゴミ問題緊急対策課に事前に伝えておかなくてはなりません。同時に一般事業ゴミと産業廃棄物など、量がどの程度であるかも伝えておくとより丁寧です。

多摩川などの河川敷でイベントを行う場合には、建設局河川部に使用許可を申請しておかなくてはなりません。さらに花火を上げる場合は河川管理係になります。水上を使う場合は東京水上警察交通課に申請しておかなくてはなりません。納涼船を出したい場合は東京都管理事務所、海務課水面監視係があります。

マラソンやパレードなど道路を交通以外の目的で使用する場合は交通課交通規制係に申請しなくてはなりません。この申請には企画書と道路使用許可書と地図を提出する必要があります。公園を使う場合は公園管理事務所というところに届けます。それぞれ申請してから4日から2週間の期間が必要ですのでそれらをあらかじめ調べておいて早めの申請が望ましいでしょう。

東京都の未使用地を使う場合は、財務局管財部総合調整課に申請しなくてはなりません。地下街を利用して行うイベント（スタンプラリーなど）では、建設局広報課に申請を行います。イルミネーションなどの光を使う場合は東京航空局電気機械課に申請を行います。航空法52条にある航空機の運行に支障をきたすのではないか等といったことです。

音楽イベントを外で行う場合、騒音に対しての規制である公害防止条例51条をクリアしなくてはならずその場合は環境保全局環境管理部で確認が必要です。

パラシュート降下など、空を使う場合は航空局運用課に申請を行います。ラジコンやカイトを使う立体的なイベントがありますが、150メートル以上の場合は運輸省の東京空港事務所の航空管制情報官に使用の2週間前までに申請書を出さなくてはなりません。150メートル以下の場合は申請が要りません。

会場にトイレを作る場合、汚水に関しては環境保全局の水質保全監視課に相談に行かなくてはなりません。数に対しての制限もあります。床面積が300平米以下の場合は15平米ごとに1個、301平米から600平米までは20平米ごとに1個、601平米から900平米は30平米ごとに1個、901平米以上の土地に関しては60平米ごとに1個のトイレを作らなくてはなりません。この基準を満たさない限り許可は下りません。

路上撮影の場合も規制があり、人員が10人以上の場合は東京都公安条例で禁止されています。建物を造りイベントを行う場合には、消火設備の位置及び非常灯の場所、禁煙のサイン、非常口の数などに関して開催の10日前までに最寄の消防署の許可が必要です。この場合開催届けだけではなく、建物の図面（平面図、断面図、客席図、電気配線図）を提出し、事前の許可が下りないと開催はできません。

食事を出すイベントは多いですが、この場合も衛生課食品衛生係に申請する必要があります。先述したように酒類を出す場合も缶ビールはそのまま販売する場合以外にコップやグラスに入れて販売すると飲食店扱いになります。学生が営業外目的で行う模擬店は例外ですが、プロとして行う場合は最低10日前までに食品営業許可申請書を出さないとなりません。同時に設備の図面を提出することも必要です。

このような規制が何千もあることを知っておいてください。また**プロデューサーである限り最低限知っておかなくてはならない情報です。**日頃から関係機関にアンテナを張り巡らせて最新の情報を入手するのもプロデューサーの大切な仕事です。

9 開催当日だけに発生する業務

イベント開催日当日だけに発生する業務について紹介します。

まず**VIPや出演者、講演者の方への受付業務があります。受付業務で注意しなくてはならないことは、来場者をどのように誘導するかです。一般的には来賓者用と一般客用に窓口を分けて**

受付を済ませて、来賓者には来賓者であることがわかるようにバラの胸章などを用意して対応します。

最近のトレンドはバーコードで入退場を管理することです。入場のときに誰が来ていて、その後誰が退場しているのかが即座に管理できるものです。特にＶＩＰや出演者の場合誰が今来ていてというのは別のリストですぐにわかるようにしておくとトラブルが少なくて済みます。さらにＶＩＰの管理は難しく、本人の代わりに名代が来場することや奥さんや家族連れで来場することもあることにも注意しなくてはなりません。

また開催当日の業務の中にインフォメーション業務があります。トイレの場所や食堂の案内、交通の案内などです。このインフォメーションはなくてはならないものですが、戦略的に作る場合と形だけ作る場合があります。しかしインフォメーションはイベントの顔でなくてはなりませんから戦略的に作るべきでしょう。**食事の場所の案内や物販の案内などをしっかりインフォメーションするだけで売り上げは倍増することも考えられます。**インフォメーションにバイトをひとり座らせて、おざなりに作ってもなんらプラスにはなりません。開催当日は利益を得なくてはならないわけですから、インフォメーション係には特に綿密にオリエンテーションをし、多くの情報を与えて全体の流れをつかませておく必要があります。**このインフォメーションが機能していることで、収入も上がり観客の評判もよくなりＶＩＰにも支持を得ることとなります。**

当日は誘導係とは別に警備を置く必要があります。入場パスによって入れるエリアが異なる場合などは入退場の管理を正確に行わなくてはなりません。そのために警備にはただ警備をするだけでなく、会場やパスに付いてのオリエンテーションをして全体を把握してもらう必要があります。警備には来場者がいる昼間の警備と来場者が退出した後の夜間の警備の2段階のレベルがあります。そのため当日の警備をどの時間帯でどう警備するかのプランも作らなければなりません。よくあることですが偽者のパスを用意して入場しようとする者がいるため、まず入退場管理を重視すべきです。

先述したようにイベントは準備段階が完璧であれば本番以外ほとんど仕事としては終わっています。開催当日のプロデューサーは現場をディレクターに任せ、ＶＩＰコントロールや報告書作成、次回への仕掛け作りなどの準備が一番大きな仕事になります。

プロデューサーはスポンサーに対しての報告書と全体の報告者を作るために、**イベントが予定通り行われているかどうかの経過をチェックし反省点も含めて次回へのストーリー作りの構想に時間を割かなくてはならないのです。**

10 イベントは多種多様

イベントの基本はフェイス・トゥー・フェイスです。会議や出会い系のパーティーのように対面で合う場合と、舞台やスポーツなどの相手の演技を見て息使いを感じるパフォーマンス系のイベントがあります。展示会やモーターショーなど、人ではなく物がありそこに人が来るといった展示系のイベントもあります。表彰式や入学式などの式典系というのもあります。以上のようにイベントといっても数多くのパターンがあります。

舞台系

舞台系のイベントには、サーカスやスポーツの室内競技などの劇場型舞台系、マラソンやパレードなどの道路型、お城を活用したお祭りや、お寺でのオペラコンサートなどの建造物活用型、カラオケショーのような参加型、企業が商品説明などで活用するマーケッティング型などがあります。

展示系

展示イベントには会場を借りてそこにブースを作ってスペースを自由にレイアウトして商品を見せるホール型や、商業施設の廊下を利用したギャラリー型などがあります。

宴会系

飲食を伴う場合、ホテルやホールなどの公共の施設を使う場合とホームパーティ、お花見のようなアウトドア型があります。

会議系

会議イベントではある特定のテーマを持って人を集めそこで話し合い、意識を共有するだけでなく意見を戦い合わせたりします。最終的にはコンセンサスというひとつの方向性を示せればいいのです。

会議イベントの中で最も小規模なものがミーティングで、特定の目的のために同じ意識を持った人同士が会って会議をします。

やや進化して組織立って動き出すことで人が集まるのをアセンブリーといいます。さらに特定テーマがあり人が集合することをセミナーと言います。セミナーの中でもいくつかに分かれ専門家者同士が集まって話をするとシンポジウムになります。シンポジウムでは何か新しいものが生まれる発信基地的な役割があります。本で例えるとシンポジウムは章にあたります。このシンポジウムのテーマが大きくなり10章ほど集めて特定の大きな流れを作ろうとすると、コンファレンスになります。このコンファレンスはテーマ性が大きく、同時開催で複数の議題で会議を行い、統合的にまとめていきます。このコンファレンスがさらに大きくなり、国単位の公共を巻き込んだり専門家だけではなく一般の聴衆までが参加したり、展示会や物販を行うなど大規模イベントをコングレスといい、ここにはさらに大きな発信能力があります。

会議系イベントを行う場合、その発信力を考えなくてはなりません。それぞれ別の活動をしていた人間が特定の団体やリーダーによって集められ、そこに新しい情報や価値観の交換といった関係を生み出すことが重要です。そして会議を行うことによってテーマが定まるだけではなく、会議の隠れたもうひとつの目的であるネットワーキングが生まれます。

シンポジウム以上の会議を誘致する場合、誘致る側にとってもメリットがあります。まず人が集まるために宿泊費や食事代などの経済的効果が見込まれるために町が活性化します。シンポジウム以上の会議の場合は国内外の人たちが集まることが多く、国際化という別の効果も期待できます。ちなみに物理学者や医学関係の研究者、スポーツ選手などのある特定の専門家たちには国境がないためにどこにでも集まることを知っておいてください。

このように特定のテーマを持つということは言語や国境を越えるものです。**企業はこのような**

会議を利用してマーケッティングのツールとしているだけでなく、会議を主催することにより、発信能力だけでなくボーダーレスという利点を利用して多大な広告効果を得ているのです。

会議を行うことで地域の振興につながり、開催都市にとっても地域ＰＲになるだけでなくインフラの整備もできます。

企業が行う会議はコーポレイト会議と言います。製薬会社などが行う研究会もコーポレイト会議ですし、会社の営業方針を決める会議もコーポレイト会議です。

業界団体や公益法人、自治体などが行う会議をパブリック会議と言います。コーポレイト会議は予算がなくても目的があれば開催できますが、パブリック会議は計画して議会を通したり、年度予算内で行うなど最初に予算ありきの会議です。

しかしパブリック会議の場合は道路や河川敷使用の許認可を得やすいといった利点がありま す。ある意味公共団体などを巻き込むことによって企業ができない面白いイベントが作りやすくなります。その代わり別の隠れた制約が出てきます。隠れたミッションとしてイベントとは関係のない地域特産品を紹介しなくてはならないなどのオーダーが発生する場合が多々あります。

会議イベントの全体の特徴として、他のイベントと比べてプログラムやサーキュラー（事前参加意思表明書）が必要になるために手間や印刷費がかかります。セミナーやミーティングであればプリントアウトしたものを各テーブルに配る程度ですが、シンポジウム以上になると配る製作物が増えてきますから、コングレスバッグという形で必要な資料を詰めて参加者に渡すようにします。また会議イベントでは最終的に広く情報を発信するための議事録である報告書（プロシーディング）を終了後に作ります。

会議イベントを開催するにあたりもうひとつ注意すべき点は、会議の隙間の時間に参加者を放置しないための提案を考える必要があります。どのようなケースがあるかというと、会場のどんでん（舞台のセット変更）が発生したり、コーヒーブレイクのタイミングやインフォメーションセンターの充実にまで気を配ります。**よいプロデューサーはこのブレイク時間にフェイス・トゥー・フェイスのプロデュースができるものです。この時間帯にお互いの意見を述べ合い、人を紹介し合うことができることで盛り上がります。その結果いいイベントであったという印象が残ります。**

大きな会議イベントの場合オリンピックにおけるＪＯＣ・ＩＯＣやその他の団体における○○連盟という国際本部が存在している場合があります。その本部とも連携していかなくてはなりません。それぞれの団体には海外のキーマンがいますから、日本国内のキーマンだけでなく両方に目を配らなくてはなりません。

また開催会場が地方、本部は東京ということも少なくありません。この場合も本部と現場のローカルコミッティを双方調整するのがプロデューサーの役割です。しかし基本はローカルコミッティに力を入れるべきです。立場は本部よりも弱いですが現場を上手く調整することで開催当日はスムーズに進行できることとなります。

最後に**会議を作るプロデューサーとして「この会議はこういう方向でまとまるといい」という腹案を持って臨むとまとめやすくもなり、結果的にいい会議であったと評価されることになります。**実は結論まで腹案で作っていたというのがプロデューサーとして理想の形になります。

会議を行うには組織の目的（組織の任務、構成、幹事会の権限など）を明記した運営要綱を作らなくてはなりません。

イベントは単発が多いためこの要綱で組織やそれぞれの役割、権限を決めておかないと頭多くして船山に登るがごとく、多くの船頭が濫立し命令系統が不明になっていくことで混乱することが多々あります。

11 成否を握るキーパーソンをつかめ

ある会議を行う場合、この分野ではT大とK大のふたつの派閥があるとします。そのときに必要なのがキーパーソンの探し方です。**実際に名前が出る教授がキーパーソンであると考えるのは性急で、本当は別に実務を握っている人を探す必要があります。**実務を握っているのは准教授の

Cさんではないかと判断すれば、この准教授のCさんをキーパーソンと捉えて「この会議を行いたいので協力してほしい」とアプローチして巻き込むことが会議での大きなポイントです。

会議の利益団体は様々ですからそれぞれの会計基準を持った人たちが集まります。そこでオピニオンリーダー（キーパーソン）を動かせていくことで、予算も取りやすくなります。

また会議イベントの成否のポイントは、キーパーソンに良いテーマを提案できるかというところにあります。例えば学術会議の中で青少年の育成会議という方向をキーパーソンが抱いているのであればキーパーソンに対してスポンサーなどが幅広く付きやすく注目度が高い「いじめ撲滅会議」といった具体的な方向性を示した企画書をテーマとして提出するのもプロデューサーのセンスの見せ所です。

12 参加者の人数の設定方法

イベントの参加人数をどのように設定するかを考えてみましょう。医学関係の会議イベントにおける内科学会は大きな団体になりますが、その中で癌学会と限定するとごく一部になります。

つまりテーマ次第で参加人数は大きく変動します。

スポーツイベントにしても記録保持者が集まるトップアスリートの大会と学生など一般参加者を加えた大会では規模が違います。内容だけでなくどの集合体にフォーカスするかで変わってくるのが参加人数です。例えば「サッカー選手育成イベント」の場合、サッカー選手を集めるのか子どもや親、もしくは教師を集めるのかなどどこまでを対称にするかでイベントの内容は変わり参加者も変動します。

募集のエリアをどこまでにするかによっても参加の規模は異なります。市内に絞るのか、県内全域にするのか、全国にするのかで変わってきます。そのためにカテゴリーを決めてマーケッティングをします。

その裾野を広げる方法としてサーキュラー（詳細が書かれた案内書）を発行します。最終的に参加者を1000人と想定した場合、その参加者を絞り込んでいくステップが必要になってきます。そこで**最初に広く告知をするのがプレリミナリーアナウンスメント（事前の告知）です。その後にファーストアナウンスメント、セカンドアナウンスメント、ファイナルアナウンスメントと具体的に参加者を絞り込んでいきます。それぞれ聞く内容も異なってきます。**最初は広く告知をするために「このような会議がある場合に来ますか」と案内を出して、返事があった人に対して「このような内容ですが参加しますか」というように絞り込んでいきます。1000人の会議であれば、最初は10万人にアナウンスします。回答が返ってくるのが5000人ぐらいだとすればファーストアナウンスメント、セカンドアナウンスメントと絞り込んでいき最終的に1000人という見込みを立てるのです。

参加者見込みを立てる場合プロデューサーの力量も必要ですが、業界に精通しているキーパーソンとの連携も必要となってきます。最初に参加者を絞り込むファーストアナウンスメントの段階では、開催日、会議名、受入期間、開催にあたった経緯、主な議題、言語、参加の資格、論文の提出方法、事務局の名前と連絡先が必須事項です。サーキュラー（回答書）には必ず返信用のメールアドレスや封筒が必要です。返信用には個人の氏名とか連絡先、参加希望の有無をあらかじめ聞いておき、今後もサーキュラーは必要かどうかを聞きます。さらに他に送付してほしい個人や団体名の有無も聞くことが重要です。

セカンドサーキュラーは5000人を3000人に絞るものですから、組織委員長の歓迎のあいさつ、役員・組織委員の氏名、関連行事を含んだプログラムのだいたいのラフ案、宿泊施設の案内、気候、服装、通貨などを記載します。セカンドサーキュラーを発行することにより具体的な最終人数の想定が可能となります。

13 会議イベントを開催するポイント

会議イベントを開催する場合まず内容を決め、次に考えなくてはならないのは参加者登録料についてです。まず会員制の場合は会員と非会員の価格を決めなくてはなりません。そのときの目安としては非会員の登録料は会員１・５倍から2倍程度が通常で、同伴者は会員の１／2、１／３を目安としてください。

会議のロゴも作った方がよいでしょう（ビジュアルアイデンティティ）。同時に封筒やレターヘッドも作った方がよいでしょう。

次に会議の運営者はそこで発表される論文の内容に関しても概略を知っておかなくてはなりません。１０００人が参加したとしてその内発表したい人が５００人いた場合には、全員の発表は時間的に無理であるため演題を著名な先生に見てもらい、テーマ別に分けて発表者を選抜していきます。そのために会議内容を要約したアブストラクト（抄録集）が必要です。

この演題のコントロールもプロデューサーの仕事です。**プロデューサーは演題の提出日と提出フォームを決めて先生に届けなくてはなりません。その結果３００人ぐらいの人が発表できるようになります。さらに組織委員会から会議を盛り上げるために人気のある特定の先生にオファー**

する場合もあります。

またプロデューサーはウェルカムパーティーやフェアウェルパーティーなどの食事つきのパーティープロデュースもしなくてはなりませんし、セッションとセッションの間で行うコーヒーブレイクも考えなくてはなりません。イベントにもよりますがブレックファーストミーティングやランチオンミーティングなどが必要な場合もあります。

このパーティーの場にできるプロデューサーは展示を併設します。この展示では会議に関連する商品をＰＲする商業展示と会議での発表にもれた人に対してパネルセッションという別の発表の場を設ける非商業展示の両方があります。

次に**プロデューサーとして大事なことは運営の気配りです。**座席指定のあるセミナーの場合、参加者には席順表が配られる場合が少なくありません。その席順表をスピーカーの先生に参加者リストとして渡す場合は先生は舞台側から見るわけですから座席表の名前を１８０度変換してスピーカー用に別途作るなどの気配りが大事です。これだけで運営者の評判がぐっとあがることでしょう。

会議の気配りでもうひとつ挙げるとすると、受付でクロークに全員がコートを預けたらどれだけのスペースが必要か、雨が降った場合傘を５００本預かるとどのようなことになるかなどもシミュレーションしておけばよいでしょう。

さらに受付箇所などのレイアウトも人数と人の流れに合わせて変えて進行します。参加者

1000人の内すでに800人が入場しているのであれば受付の数を縮小して、人員も他の部署に再配置するなど能動的な運営方法を考える必要があります。

会議中でのポイントとして発表原稿のコントロールというのもあります。発表者がスライド写真を持参してくる場合にも注意が必要です。たとえば心臓の写真などはどちらが上なのかわかりにくい場合があります。そのため間違いを起こさないように発表者自身の手でスライドトレイに入れてもらいます。さらに別室にプロジェクターの予備を置いておいて、公演者自身に事前にチェックしてもらうようにもします。このときに写真の天地だけでなく順番も確認してもらいます。最後にスライドを使用する時間と場所を最終確認します。終了後はトレイに入れたまま渡して本人の手で引き抜いてもらいます。そうすることで紛失や間違いがなくなります。

会議も他のイベントと同じように無事に終わらせるだけではなく、次回につなげるストーリー作りのための報告書を作成します。

会議の報告書に入れる内容のひとつが組織委員会や委員長によるあいさつ文と記録写真です。それから国際本部と受入委員会の氏名、国際機関の概要、会議準備中の経過、発表論文の論文集、関連行事の報告、財務関係の報告、寄付者がいる場合はその氏名、会議の成果、反省点などを入れます。このような詳細な報告書を作ることで次へのストーリーができます。

ここに**次回会議への課題や展望、次ぎなるステップなどを盛り込むことによってストーリーを**

作る必要があります。このストーリーはキーパーソンと連携しながら将来への動きを見据えたものであるのが望ましいといえます。

14 次回につなげるストーリー作り

群集心理学的に言うと、人を移動させ消費させるために行動させることのきっかけを見出すことがイベントの基となるものです。それが単発のイベントであれば成功したとしてもそこには一過的な満足と利益が残るだけで、出来上がったシステムや組織が解散してしまうことになるためその後のストーリーが生まれません。

オリンピックが盛り上がるのは4年に1回の開催で次回にリベンジの機会があるからです。高校野球も春夏連続制覇という夢があるから面白いわけです。

物事にはすべて次のストーリーがなくてはなりません。

イベントでは全体の流れの中でストーリーを考えて、今回はこう次回はこうと位置づけていかなくては面白くありません。そして自分たちはこのポジションにいるとはっきりわかるものを作

らない限り、そこにはストーリーは存在せず単に人が集まり離れていくだけのことでしかありません。

したがって再評価を行うことはイベントには欠かせない要素となります。再評価することによって次にイベントをするときの改良点にを探すきっかけとなり、評価するといった行動そのものが次へのモチベーションにつながり、結果クオリティーも上がるわけです。イベントが終わった後に再評価するポイントを紹介します。

まず**参加者が何を求めていたのか再評価が必要**です。人が行動する動機には2種類あります。

1つはお腹が空いたから食事をするというような本能的な行動です。お腹が空いたというストレスに対して食事を摂ることでその欲求を満たしています。のどが渇いたから水を飲む、走りたいからマラソンをする「○○したいから○○する」という欲求をホメスタシスといいます。イベントの基本はこのホメスタシスに当たります。日本のイベントの多くはこの本能型です。

2つ目は**「人は期待で生きている」という本能と別の欲求があります**。プロデューサーは観客がサッカーを観たいからスタジアムを借りて試合を行うと決めてしまうのではなく、サッカーを観る目的は何かというのを最初に掘り下げます。そこに「感動の演出」「特定の選手に会いたい」「日本チームを観たい」というのがあるとします。そうであればサッカーの試合でなくてもサッカー選手を集めて何か別のイベントを行うという考え方もできます。

これらを再確認するのが動機付けのチェックです。ひとつのイベントが終わったときにみんなが何を観に来たのかというアンケートを取ることができます。このイベントには1万人の入場者がありました。主催者は「サッカー選手を見に来た人が多い」と考えていました。ところがアンケートを取ると「毎年この日に行われていた花火大会が中止で時間があったから来た」という人が多かったのかもしれません。

実は観客（参加者）の欲求と期待値は主催者の思惑と必ずしも一致するとは限らないのです。だからこそ動機付けのチェックは次回のために必要になります。**主催者が勘違いしてこれで人が集まるだろう想定したものと、実際に集まった人の動機がずれている場合、逆に集まった人の動機によって新しいイベントになる可能性が出てきます**。そこから2つの違うイベントが生まれたとすればそれこそストーリー付けと言えます。要は来た人の傾向と動機をチェックすることで今後の方向性が見えてくるということです。これをホメスタシスチェックと言います。

この大会の場合花火大会中止のために人が流れてきたということが判明したわけですからサッカーの次回開催のときのオープニングには花火を上げるということによって多くのポテンシャルを引き上げることができるということが判明します。

しかしこのホメスタシスチェックという機能は日本にはほとんどありません。その大きな理由は運営の役割分担が決まっていて、それぞれがイベント終了までの契約になっているからです。次回のイベント時にはまた新たに契約をし、また1から始めるために個々の業者がストーリーを作る必要性がないためこのような尻切れトンボとなるわけです。

次のイベントまでの間がストーリー作りの期間のはずが、この期間にお金をかける構造がないために機能していません。アンケートは取ってもただ報告書を作るためのものになってしまっています。本来はそこから進化させ、次へのストーリー作りをするために一度出来上がったチームを解散せずに次回のホメスタシスチェックのメンバーとして活用すべきです。

イベントを単発の予算と期間で区切り、次につながるものは新しいコンペをすることが非常に多いというのが現状です。これは主催者側の意識の問題もあります。本来は主催者を説得し「次のイベントまでの準備が大事ですよ」と言わなくてはならないのはプロデューサーの仕事だと考えます。そういう意味で**ホメスタシスチェックは重要なポイントであり、こういうところにアイデアはいっぱいころがっているのです。**

次に大事なのは意識への刷り込みです。あるイベントに1万人の人が来たなら、その人たちにイメージを持って帰ってもらうことが大切です。これをブランディングと言いそのイメージが確立されれば「〇〇のイベント」というだけで内容を知らなくても動員できるようになります。宝塚歌劇団の公演はまさにそれで、公演の演目がどのようなものであろうとチケットは売れます。これがブランド力です。

プロデューサーが知らなくてはならないのは、この意識への刷り込みにおいて認知モデルとメンタルモデルのふたつがあることです。

認知モデルは後天性のもので、例えば鶏の鳴き日本では「コケコッコー」ですがアメリカでは「クックドゥー」と表します。これが意識への刷り込みです。同じように犬の鳴き声も「ワンワン」「バウワウ」と、これらは生まれた国や環境によってそれぞれが思い込んでいるものです。

そしてメンタルモデルは人間として生まれた限り当然ある先天性のものです。例えば青い色は寒々しいといったものは人類共通の感覚です。この先天性のものと後天性のものを織り交ぜて、そのイメージをイベント開催中に定義付けることができたらブランディングは成功したといえます。

イベントでは印象的なロゴやマスコットキャラクターを使います。「ひこニャン」というゆるキャラを作ることによって彦根という町に対しての親しみ感が湧くのと同じです。後天的にそこにどのようなものを持っていくかもいろいろと考え、先天的に彦根という町はどういうイメージなのか、「花火大会は混んでいる」「琵琶湖がある」などの持たれているイメージを抽出し両方の側面からブランディングを考えていきます。

同じようにこのイベントには「年配の人が多い」とか「食事を出すところが少ない」などを抽出し、それらを再度見直してブランディングの参考にします。先ほどの動議付けの逆ですが、もともと植えつけられているイメージがどういったものなのかをチェックし、「年配の人が多い」というイメージがあるのであれば戦略的にふたつの方向性を出すことができます。

これも終了後に出てきたデータで判断すればよいのです。先天的なものと後天的なもののイメージを分けるのです。ここで注意すべきことは、長年かかって知らず知らずに築き上げられた後天的なものと最初からあるものは別ということです。そのイメージで後天的なものを今後どう変えていくかということが重要です。

次のチェックのポイントは**このイベントは人の所有欲を満たすことができたか**ということ。人間の所有欲とは物を持つということだけではありません。人間の心の中には手元にあることに満足するという所有欲もあります。

あなたがフランス語を学ぼうとしているとします。本屋さんで評判のテキストを購入し、あまり勉強をしなくても持ち歩くだけで勉強した気になり満足するものです。月の土地や名もなき星の名前を売り出したりします。そこの所有者になったところで何の得にもならないはずなのに買う人はたくさんいます。要は**人は手が届かなくても所有していることに金を払うということ**です。結婚も同じです。結婚したという書類を提出しただけで愛が約束されているわけではありません。法律に縛られることで安心をするだけです。

このように現実的に物を持つことによって人は安心します。だからこそイベントで所有欲を満たすことができたのかをチェックする必要があるのです。

ではイベントでの所有欲とは何でしょうか。イベントの場合は参加者の記録を記載してタイムカプセルを埋めるとか、議事録に名前を載せるとか、少しでも個人の存在がどこかに残せることができたら満足度は倍増します。遊園地のジェットコースターで絶叫シーンの写真を撮られますが、高いと思っていても買う人はたくさんいます。これはその瞬間を所有できるからです。イベントであれば出演者と一緒に写真を撮ることであり、会議であれば単位を認めるスタンプを押すことなどがそれにあたります。だからこそ次回につなげるためにはイベント終了時に参加者に所有欲を満たせたかというチェックが必要です。そしてそういったひとひねりの演出を行えたかが次のイベントへの布石になるのです。何らかの方法で所有欲を満たされた参加者は次回も必ず参加するだけでなく、その写真を他の人に見せびらかせたりすることでいい広告塔にもなるのです。

よく広告業界で使う行動の動議付けにAIDMA(アイドゥマ)というのがあります。Aはアテンション（注目を浴びさせる）Iはインタレスト（関心を呼ぶ）Dはデザイアー（相手に欲しいと思わせる）Mはメモリー（記憶に残す）Aはアクション（行動する）。

しかしこの考え方だけでは今の時代に対応していけません。かつての東京オリンピックの時代のようにネットもなく、自分で欲しいものを検索できなかった時代には関心を呼んだわけですが、媒体が進化し自分で欲しいものに関しては自ら検索する時代になっています。

そこで現代にはAMTUL(アムトゥル）という考え方が必要になってきました。Aはアウェアネス（もう一度気づく）。アテンションは「水がほしいですか？」と聞くように、積極的に注目させるものですが、アウェアネスは自分の中の欲しいものが何かを気づかせることです。今は欲しいものは自分から積極的に検索して手に入れることができますが、何が欲しいかわからない部分を気づかせる掘り起しが大事です。ストレートに「のどが渇いていませんか?」と言うのではなく「実は夜のパーティーに行きたい気持ち」が心の奥底にあるということを気づかせてあげるのがアウェアネスです。Mは同じくメモリー、Tはトライ(経験させる)Uはユーセイジ(体験させる)Lはロイヤルティすなわちブランド固定の愛着を持たせるのです。

サーカスイベントの例で言うと以前は子どもを楽しませる遊園地のような感覚でしたが、昨今のサーカスは演出がおしゃれになりデートにも使えるようになったと気づかせるのです。

このように時代や環境が変化してきているために、何を気づかせればいいのかというチェックが必要になります。ブレーンストーミングすることでわかるのは直接的なことだけでない間接的な効果や気づきがそこにあるということです。高齢者がサーカスを観に来て「元気をもらえたね、長生きできるような気がする」と言っているのを聞いて高齢者が元気になって長生きするようなイベントって何だろう?という考えが生まれ、新しいイベントのコンセプトが生まれます。このような気づきをプロデューサーは掘り起こしてく必要があります。

次回イベントに対して再度見直すためのポイントをここで7つ紹介します。

1つめは、価格についてです。

イベントそのものの価格が正しかったのかどうかです。先述しているように原価があって、利益がこれだから売値がこうだという決め方は原始的です。実際には原価を考えずに価格はどうあるべきかを考えなくてはイベントの成功にはつながらないでしょう。席の価格は適正であったのか、高齢者のペアチケットはあったほうがいいのか、女性専用シートは必要であったかなど価格設定に対して再チェックが必要です。

2つめは、品質チェックです。

イベントの内容そのもののクオリティーはだったのかを再チェックします。パーティーだったら服装のアンバランスさを訂正するために次回はドレスコードを設けようなどの反省が出てくるはずです。品質のチェックというのは参加者に対してだけではなく、自分たちの内容に対しても考えなくてはなりません。

3つめは、流行チェックです。

たとえば会議はこうあるべき、展示会はこうあるべきだと思いこんでいてはいいイベントは作れません。イベントには世の中の流れがあって流行があります。**その流行に自分たちのイベントが乗っているか、1歩先に行っているかは重要**なチェック項目です。利益は出たがトレンドではなかったという場合は反省しなくてはなりません。イベントプロデューサーであれば常に進化して時代の先駆者にならなくてはならないからです。

4つめは、自分の固定観念やアレンジのチェックです。

ここまで様々なチェックをしてきましたがプロデューサーの運営手腕（アレンジ）そのものを**チェックできるのはプロデューサー自身**しかいません。そのため自分を見直せる能力を持つこともプロデューサーの力量といえます。たとえば自分自身が特定の層に対して仕掛けをしているという事実は周りの人はなかなか指摘してくれないものです。運営方法についての無駄もプロデューサーという立場であるために周りは指摘はしてくれません。そういったものを自分で気づけるようにならなくてはなりません。

5つめは、世間の評価です。

アンケートの結果ではなく**一般的にこのイベントはどうだったのか情報収集**しなくてはなりません。地方紙やネットなどで確認します。そこに批判的なことが書かれていても耳をふさいではいけません。特に紙に書かれた媒体のことを重要視する傾向にありますがネット上に書かれていることなど多くの情報を集めて先に活かしていくことは必要となります。来たくない人は来なくていいと言うプロデューサーはいますが、確かに来たい人だけが集まればいいとも言えますが、そこには進化を閉ざしたストーリー性のないイベントが今後続くことになります。ですから様々な意見を取り入れるようにしなくてはなりません。

6つめは、ハレ気分の演出が出来たかどうかです。

人は人が集まっているだけでわくわくし、お神輿が横を通るだけでどきどき感があるはずです。これは特別感という人の気持ちです。イベントに行って盛り上がりに欠けていたらハレの気分になりません。入場口から演出されていて思わず入りたくなるようなイベントならばハレ気分になります。そのような得した感やハレ気分をどこまで演出できたかをチェックしなくてはなりません。同時に演出、音楽、プログラムを再度見直します。なぜ2日目は盛り上がったのかなども思い返します。その日はタレントのAさんが来ていたことで盛り上がったならば次回イベントの場合はタレントを最初から呼んでおけばいいという案が浮かぶはずです。このようにハレの演出はどの部分に強くあったのかを再度チェックすることで次回へのストーリーが見えてきます。

7つめは、ターゲッティングチェックです。

イベントはただ人に来てもらいたいというだけではありません。主催者はどういう人に来てもらいたくてイベントを行うのかを改めて考えなくてはなりません。ディズニーはこの点をしっかり色分けしています。ディズニーランドはファミリーを、ディズニーシーはカップルやシニア層です。ここには明確なコンセプトがあります。これを参考に自分たちのイベントではどうかをチェックします。どういう人たちを呼んで行うのかターゲットが決まると仕掛けが決まります。この仕掛けがしっかりできていたかをチェックしてください

これらのチェックを綿密に分析することで次回イベントへのストーリーが浮き出されてきます。

15 プロデューサーに求められる素養

ここまで重要な話をしてきましたがイベントプロデューサーとしてそんなにたくさんのことを行なわなくてはならないのか、もしくはこんなに大変なのかと思われた方は多いかもしれません。しかし実際にプロデューサーになるにはそれほど多くのことは求められるわけではなく何が大切かだけお伝えしておきます。

それは**常にいくつかの目線を持って、複数の自分を自分の中に持つことを心がけることです。そして成功するにしろ失敗するにしろイベントが終わった後にそれぞれの目線で自分を振り返り冷静に評価ができるようになればあなたはもうプロデューサーだと言えるでしょう。**

ここでイベントプロデューサーの目線について紹介しておきます。

・自分目線

自分というのは子どもっぽいそのままの自分中心の目線です。

・親目線

自分ではないものを博愛の心を持って望む目線です。例えば自分であれば身体にあまりよくなくても刺激的なジュースやお酒を飲みます。しかし親の目線で言うならば身体にいい野菜ジュースを飲ませようと考えるでしょう。

・大人目線

この目線はあくまでも大人が好むものを追求します。ダンディな自分を引き出す目線です。

多くのプロデューサーはハートの中に子どもがいて、子どもがそのまま大きくなってきたような人です。イベントの中で自分目線で欲しいものが満足できたかを見直します。次は親目線です。このイベントに子どもを行かせたいかどうかチェックします。最後に大人チェックです。格好がよかったたか、デートに使えるか、座席は高級感があったかなどさまざまな点をチェックします。

プロデューサーはこのように感性豊かな3つの目線で自らのイベントを評価し、良いところと悪いところを洗い出していきます。その結果を反映し次回のイベントをより素晴らしいものへと進化させるのです。このような簡単なことであなたもプロデューサーになれます。

16 もっと日本の文化を発信せよ

世界から見ると日本はコンテンツ大国だと言えます。ところがそれが大きな収益にはつながっていないのが現実です。ドラえもんやワンピース、ピカチュウ等のアニメやキャラクター、もしくは芸者、サムライ、富士山、腹切りに代表される特異な文化。日本から発信されている日本のコンテンツは数限り無くあります。おそらくこれらのコンテンツの数と文化の希少さに関しては日本は有数の国だと言えます。

しかし日本はこれらの特異な文化を金銭に変える力が弱いだけでなく外交交渉力も弱いといえます。中国人のように世界中にチャイナタウンを作り、そこを発信基地にしている民族からくらべるとあまりにも弱すぎます。

日本人は外国人からアイデンティティーがないと言われます。さらに文化の発信の仕方が弱いために海外での日本人は現地に同化してしまいがちです。しかし**日本人は日本が好きです。そして日本という国の独自の文化の流れに代々生きてきたのが日本人です。**

日本では1000年以上前に「源氏物語」という政治とは一切関係のない官能小説が書かれています。世界中にある古典の官能小説の中でも古代インドの大長編叙事詩「ラーマヤナ」が有名ですが、仏教的な要素があるだけでなく政治の材料としても利用されてきました。「源氏物語」のような政治的なかけひきのない純粋な官能小説が1000年以上前に存在したのはおそらくこの日本だけでしょう。

日本人はこのような**特異な文化があることを再確認し、それを売り出して文化として個人のアイデンティティーと国の在り方や外交など全てを含めて変わっていかなくてはなりません。**

これらのことができるようになると日本はもっと強くなるはずです。これからは日本に来る外国人ももっと増えることでしょう。これらの特異な文化を駆使したイベントの開催を国内のみならず世界中で行うのも日本人の使命ではないでしょうか。

17 イベント終了後のチェックポイント

開催時期のチェック

この開催時期でよかったのか、この時間帯でよかったのかなどを再度チェックします。夏開催のイベントを秋に行った場合どうであっただろうか、残業が多い時期なのでショーのスタートを午後9時にしたら、あるいは時間帯だけでなく1日のイベントを2日間で行ったとしたらどうか、1週間を2週間にしたらどうなのかと考えてみます。

規模のチェック

規模に関しては次回のイベントまでに再度見直す必要があります。イベントが人気になり、参加者が多すぎて入場を数百人単位で断ることになってしまう場合などは、なぜこのようなことが起きたのかを分析し次回の規模を考えます。

またこのコーナーはいらなかったというスペースもあるでしょう。逆に空いたコーナーに屋台を設置したほうがよかったなどの反省点も洗い出します。ステージの場合見えにくい席があったために次回はなくそうとか、ショーの時間は90分でなく70分でよかったのではないか、その代わりに価格を下げた方がよかったのではないかなど様々な意見が出るでしょう。規模の見直しはこのようにさまざまなところで行います。

アンケートのチェック

アンケートのチェックとはアンケートの回答のチェックではありません。アンケートに書いてあった質問が適切であったかどうかのチェックです。クライアントへの報告書のためのアンケートと今後のイベントのためのアンケートは違うことを知っておいてください。さらに統計というのは質問の持って行き方によって変わりますから、良い質問であったかどうかを見極めなくてはなりません。クライアントへの報告書に対して悪い印象のアンケートを書かせないように誘導されたものでは本当のアンケートになっていません。自分たちの耳の痛い内容であっても聞き出せるようなアンケートを作っておかないと次回にいかせません。報告書用のアンケートと自らのイベントを向上させるアンケートは別のものだと考えておいてください。

構成チェック

プロデューサーとして必要なのは全体の成功です。イベントの一部捨てる所があってもいいのです。その代わり全体のイメージとして成功していることが必要になってきます。レストランのコース料理で「松」「竹」「梅」があったとします。いい店はどこかを捨てています。「竹」「梅」にあまり差がないようにして「梅」を大量に販売します。結果的に売り上げは伸びているはずですし、流行っている店に見えることでしょう。このように全部が売れるように考えるよりもどこかにポイントを置くほうが成功感が高まります。プロデューサーは総合的な成功を作り出す必要があります。

アフォーダンスチェック

潜在意識にうったえた誘発能力のチェックです。例えばコカコーラは黒いドリンクということで最初は違和感がありましたが爆発的に売れました。なぜかと言うとビンの形状の力が大きく影響したからです。コカコーラのビンは女性の身体を表しているために優しさを感じて、みんなが手に取りたくなるものでした。このように無意識の力を呼ぶことをアフォーダンスといいます。

この無意識の力をどこまでイベントで活用しているかをチェックします。チケットであれば1回入場した人に対して割引券を付けます。そのときに有効期限を1ヶ月とするか1年とするかの期間の違いで次回は早く行かなくてはという気持ちが変わってきます。

動くカニの看板に誘導されてついつい入ってしまう料理屋も知らず知らずに誘導されているのです。無意識の力はあなどれません。自分のイベントの中で人が寄ってくるようなアフォーダンスがあったかどうかを再度チェックする必要があります。

テーマカラーのチェック

色彩はイベント中にはあまり気にしません。しかし人間の五感の中で視覚は最も重要な部分を占めています。色に関して知っておくといいのは年齢層による好みの色です。老年層は茶系などのシックな色、若年層は鮮明な色でシンプルな色が好きです。さらに男女の違いも女性はピンクや赤色など暖かい色、男性は青など寒い色を好みます。これらを使いながらテーマカラーを決めていきますが、ターゲット層をどこに置くかによって色の配色を定めていきます。そして定められた配色のテーマカラーが統一的に活用されていたかどうかも重要なポイントです。

希少性の原理チェック

人は限定という言葉でものを買いたくなります。皆既日食にしても何十年に一度ということで大イベントになりました。この希少性の原理をプロデューサーとしては活かさなくてはなりません。

社会心理学者のウォーチェルによる「クッキーの実験」というのがあります。この実験では同じ味のクッキーを10枚入りのビンと2枚入りのビンに入れて食べさせて、どちらが美味しかったかを聞きました。するとほとんどの人は2枚入りのビンが美味しいと答えました。人は希少性がある方に価値を感じるからです。

イベントでは希少性の原理に基づいた群集心理を利用しなくてはなりません。

1、時間による限定
本日限りです。土曜日のみです。公演は1日1回です。などの限定した時間です。

2、空間の限定原宿でしか見られません。
この場所でしか行っていません。

3、数量限定
10席限りです。先着5個のみの販売です。

4、お客様の限定
女性限定です。

5、商品の限定

オリジナル商品です。

など限定されたものがイベント自体にあったかをチェックします。同じことをするにしても限定感を出すことで価値観が高まります。

フレーミング効果チェック

フレーミング効果とは同一の選択肢であっても選択する人の心的構成（フレーミング）が異なる場合、意思決定が変わってくるという効果をいいます。

たとえば125ドルのジャケットと15ドルの電卓を買おうとしている人がいました。同じものを売っているA店B店があり、その場合どちらの店で買うのかを検証してみましょう。Aの店ではジャケットを10ドル値引きした価格で売っていましたが電卓は定価販売でした。Bの店では電卓を1/3に値下げしジャケットは定価販売でした。A店もB店も結果的に総支払い金額は同じなのですが、より割引きされている方に人は動いていきます。これをフレーミング効果といいます

この効果に自分のイベントが合っているかどうかをチェックします。チケットで言えば「ペアで来場するとそれぞれ1000円の割引です」と言うよりも「ペアで2000円の割引になります」と提案した方が集まりやすいということです。

変身願望チェック

ハレの場では人は変身願望があります。これを満たすことが出来ていたかもチェック項目です。異性に変身したり、大人が子どもになったり、人が動物になったり、正義が悪になったり。要はお客さんを変身させることができたかどうかをチェックします。例えばモーターショーで高級車の座席に座ることでお金持ちになったような気分になることなどが挙げられます。人は自分をどこまで変身できるかを満たすことで満足するのです。イベントの中で参加者をどこまで非日常な変身を遂げさせることができたかは大きなポイントです。

バーベキュー効果チェック

ただお肉を焼いてもらって食べるよりも自分たちで作って食べるともっと美味しいというのがバーベキュー効果です。これは参加者に参加してもらうことでより満足感を高めるものです。ステージに観客を上げるのもそうですし、オープンキッチンのレストランで料理をしているところを見せれば参加感を促すことができます。現場に参加したような一体感がより大きな親近感を生み、満足感になります。このように観客を参加させることができたかをチェックすることも大切です。

ロイヤルティーチェック

イベント参加者に何か（小物）を与えたり、記念品を渡すことで想い出を形に残すことができたかをチェックします。イベントを単発で終わらせないための仕掛けです。このような小さな仕掛けによってイベントに対するロイヤルティー、つまりそのイベントに対しての心理的取り込みをすることができるわけです。ひとつの仕掛けとして今回は黄色のキーホルダーでしたが次回は赤色ですというように色を揃えていく仕掛けをしてもいいのです。要は参加者に次回を期待させる仕掛けができているかどうかのチェックをします。

スキナーチェック

行動心理学者のスキナーによるスキナーチェックとは、与えすぎていないかのチェックです。ねずみの実験があります。2つの機械があり1つはねずみがレバーを押すと餌が毎回出てくるもので、もう1つはレバーを押すと時々餌が出てくるものです。毎回餌が出てくる機械では餌がなくなった場合レバーを押して何も出てこなくなるやいなやねずみはレバーを押さなくなりますが、もう一方の時々餌が出てくる機械では餌がなくなっても期待感が残り、いつまでもレバーを押し続けます。つまり生き物は毎回約束するよりも不確実の方が長期的に追随するという効果があります。

イベンターも与えることに必死になりがちですが、本当は不定期に突然何かの商品をプレゼントすることを印象付けることが大事です。映画であれば予告なしに突然出演者による舞台挨拶が宣伝効果を高めることにもなります。告知した日の告知した時間にしか来ないよりもこのようなサプライズの方が全体的に高揚感を高めることができるということを知っておいてください。

音量効果チェック

アメリカのマーケッティング学者のミリマンによる実験があります。スーパーで1分間に72ビートと94ビートの2つのBGMを流してみました。時間によってこのBGMを数回繰り返してすると72ビートのゆっくりの方の売り上げが38％アップしました。理由としては人はBGMのテンポが早い方が歩くのが早くなり商品をゆっくり見るという行動ができなくなります。BGMの遅い方がよりゆっくり歩き商品購買行動が高まるということが判明しました。つまり音楽の効果によって人の行動のスピードをコントロールできるという実験です。これを活かせばイベントの場合顧客を早く動かした方がいいのかゆっくり動かした方がいいのか、その行動のコントロールをしながら購買目的か移動目的かという群集行動をコントロールすることが音響によってできます。

マッチングリスク対応チェック

イベント参加者と主催者が提供するものが合っているかどうかのチェックです。参加者は何らかの理由（同時刻にイベントが重なっている等）で参加することをすぐには決定できません。これを踏み切らすためにどうするかがポイントです。こういうときはきちっとした約束をすることが重要になります。たとえば気に入りらなかったときの返金保証や中止等の場合の代替え日の保証、雨天時の保証等イベントに対しての参加者が一歩踏み切れないでいる購買に対してのリスクに対しての対応がしっかりできていたかのチェックです。

単純接触効果チェック

会う期間を長くするよりも会う回数を増やす方が好感度が上がるという人の心理があります。1回2時間会うよりも、2回1時間会う方が人の心にも残りやすいですし親近感もわきます。これを応用しているのがF1の運営です。練習走行、予選日、本戦とあり3日間通しのチケットと本戦1日のチケットがあります。この中で短い時間を3日間行く通しチケットでの来場者はまた来年行こうと思う率が高くなります。物事を設定するのであれば2回以上足を運ばせるようにするのが効果的です。

スタッフの雰囲気チェック

人は自分に近い人に物事を頼みやすいのです。中年男性が洋服を買うためにお店に入ってシャツの場所を聞こうと思ったときにルーズソックスの若い女子店員よりも同世代の男の人の方が聞きやすいはずです。これと同じようにイベントのインフォメーションにツンとした綺麗な女性が立っているよりも親近感が感じられる笑顔の女性の方が話しやすいのです。イベントにもよりますがドレッシーな服を清楚なシャツに代えるだけでも話しやすくなるかもしれません。イベントスタッフが親しみやすいかどうかは大切なポイントです。

ネガティブPRチェック（両面チェック）

人は良いことしか言いません。イベントの案内にしても「楽しいですよ」としか言いません。しかしネガティブな情報も流した方が信頼度は高いのです。「すべて高級感漂うものばかりですが料金は高いですよ」「会場は広いですが、駅から若干遠いですよ」など。長期的に考える場合いい情報だけ言う片面表示よりもリスクもしっかり伝える両面表示の方が信頼度は高くなります。

ここでは良いことと悪いことを両方を言いながら良いほうに導いていくことが重要です。これを行うと信頼度が増すだけでなく、悪い噂への免疫効果が出ます。例えば他のイベンターが「あそこは高いよ」というような悪い噂を流したとしても、なぜ高いかを説明してあれば良心的に見えます。免疫効果が効いているわけです。どのようなイベントでも必ずと言っていいほど弱点はあります。この弱点を隠すのではなく先に出すことで責められることがなくなります。

プラシーボ効果チェック

ブランドそのものにまだ価値がない場合人のブランドを借りる方法があります。まったく新しい製薬会社がダイエット薬を出したとします。それだけではいくらいい薬でも売れません。そこでコマーシャルで有名女優を起用し、ダイエットにいいことを伝えるのです。女優さんのブランドで薬が売れるようになります。この効果をプラシーボ効果といいます。

イベントでも主催者が一生懸命にいいイベントであることを伝えるよりも効果があるということです。たとえば観光庁の人がイベントの案内をしてくれた方が注目度は増します。これも相手のブランドを借りていることになります。新しいイベントの場合は特にプラシーボ効果を使えたかをチェックしなくてはなりません。

フット・イン・ザ・ドア・テクニックチェック

人は長い質問に答えるのを嫌がる傾向にあります。１００問の質問は１００人に断られます。ある実験で同じ人たちに最初に1問だけ簡単な質問をします。「この町は好きですか?」など答えやすい質問を聞いてから１００問の質問をすると70%の人が解答したというものです。この実験の応用で人にイベントの参加を促す場合、何か小さく動いた後に大きく動かす方が動きやすくなります。「このようなイベントがありますが興味ありますか?」と言うだけでいいのです。デパ地下でいう試食のようなものです。少し動くことで大きく動くきっかけになりやすいということのテクニックのことを言います。

ドア・イン・ザ・フェース・テクニックチェック

社会心理学者のシャルディーニの実験で、ある幼稚園の遠足で動物園に行く付き添いを手伝ってくださいとAグループの大人とBグループの大人に違う言い方で伝えました。Aグループには「今度の休日動物園への付き添いをお願いできますか？」と言うと30％の人が快諾しました。Bグループには「少年院で2年間カウンセラーのボランティアをしてもらえますか？」と聞きましたが誰も手を上げませんでした。その直後に「今度の休日動物園への付き添いをお願いできますか？」と言うと80％の人がＯＫしました。

これは最初にハードルの高いお願いをしてその後に簡単な内容を提示すると人は躊躇せずに動くというものです。これをドアインザフェーステクニックといいます。イベントでは１００万円のカリブ海旅行イベントがありますと言った後に、９万円のハワイ旅行イベントがありますと伝えた方がいきなり9万円のハワイというより申し込みやすいのです。

ランチ・オン・テクニックチェック

イベントに対しての印象は快適さや快感につながります。社会心理学者のジャニスの実験で、人を2つのグループに分けある質問に対して賛成反対を聞くことにしました。１つのグループは食事の前に聞き、２つめのグループには食後に聞きました。その結果食後に聞いたグループの方が賛成がはるかに多くなりました。満たされた人は賛成しやすく、満たされていない人は反対しやすいのです。このことからイベントではトイレが少なく待たされた人はどれくらいいたのか、食事が足りなかった人はいたのかなど快適でなかった人を探します。次回開催までにこの人たちを快適にするためには何が足りなかったのかをチェックする必要があります。

リアクタンス・チェック

人の心の中には説得されまいという反動があります。そのことを踏まえてイベントが説得型になっていなかったかをチェックします。人は説得されることに対して抵抗があり「あなたは来ないと損をしますよ」と言うことに対して乗ってくる人もいますが、自尊心の高い人ほど抵抗します。このような人たちの掘り起こしができていたかをチェックしなくてはなりません。この自尊心の高い人たちは口コミで「楽しかった」という他人の体験談で動く可能性が高いのです。しかも周囲に対して影響力が強いため取りこぼしていくと次回へのストーリーも見えてこなくなります。

キーマンの満足度チェック

どのイベントにもキーマンがいます。イベント終了後の報告書にはこのキーマンが満足できる部分を入れて表現しなくてはなりません。キーマンになる人の言葉等を引用することでその人が関与していることを強調することで、自分が作業したというストーリーを作ることでイベントそのものを否定されにくくなります。このキーマンの満足度を満たすのもプロデューサーのテクニックです。

重要顧客チェック

イベントによく来てくれる人をチェックします。同じイベントに何度も足を運んでくれている人こそが本当のＶＩＰです。１回しか来なかったが大きなお金を使った人をＶＩＰと思いがちですが、使ったお金は少額であっても何度も来場してくれた人を自分たちの中でＶＩＰと決めることが必要です。イベント終了後に次回のＶＩＰの選考基準として自分たちのポイント制をを作って選考する必要があります。人をたくさん紹介してくれた人や、雰囲気作りに協力してくてた人等もＶＩＰです。

ハレの活用チェック

ハロウィンやクリスマスなどディズニーが毎日イベントを行うのはハレの演出のためです。このようなハレの部分を自分たちのイベントで提案できていたかを再度チェックしなくてはなりません。盛り上がりや華やかな雰囲気はイベントには欠かせないものであることを前提に考えてください。

第５章・追記

イベントは生き物である

「イベントは生き物である」。これは業界でよく言われる言葉だ。初版を書き上げてから時代は大きく動いてきました。特に大きな動きが４つあり、これを新時代の４匹のドラゴン（龍）と名付けたい。この４匹の龍を扱えない限りはイベント運営のプロデューサーとして成功しないだろう。

新時代の４匹のドラゴンとは「デジタル決済の進化」「シェア経済への遅れ」「少子高齢化を伴う人材不足の時代への対応」そして「カジノ立法の成立」となる。

ではひとつずつ現象と対策を見て行こう。

1

1匹目の龍：デジタル決済の進化

過去より綿々と続いてきた従来の通貨経済が終わろうとしています。現代はデジタル決済の世界が思った以上に早く浸透しています。現実の通貨が偽札の横行などで信用できない発展途上国からデジタル決済は急速に進化する流れになりました。

中国においては今では財布を持ち歩く人さえいなくなってきています。それはスマートフォンの進化と流れが対になってついてきているからです。その結果、どこでもＱＲコードをスマートフォンで読み取るだけで決済が完了するようになってきています。最近では場末の屋台ですらそのような仕組みをとっているから驚きです。

その中でも代表的なものは「支付宝」（アリペイ）という決済システムです。日本の金融システムが貨幣中心でもたもたしているうちにアリペイはどんどん進化しました。与信も進化しており、今は日本の銀行からもチャージができるようになっています。

現在アリペイの支払いは多岐にわたり、一度アリペイを使えばその便利さにそれ一本にしてしまう人も多いようです。もちろん家賃などもアリペイで決済できます。そうなると個人の購買記録などのビッグデータが全てアリペイに蓄積され、購買の嗜好などが完全に把握されることで追加提案による購入を促すこともできます。アリペイと双璧で出てきているのがWechatPayです。どちらも中国発祥の決済システムです。すでに中国国内では都市部はほぼデジタル経済で、農村部のみで貨幣経済が残っている状態となっています。

アリペイとWechatPayはどちらも十二分に策を凝らしており、WechatPayは日本でいうLINEのような交流メディアでもあります。店側もWechatに加入しているので購入者から見ると仲間としての安心感を与えてくれるというメリットがあります。

一方アリペイは決済するための仕組みなので金融機能を充実させています。その最たるものが余額宝という仕組みです。これはアリペイ内で利用できる投資信託預金のようなもので、当面使わない額を余額宝に預けておくと、アリババが運用をして利息をつけてくれるというものです。利息は事前に確定をしているわけではないですが、現在の利回りは4・1%程度で銀行の普通預金よりもはるかに高利回りです。しかも解約は即時1元から可能で一般の定期預金や投信信託のような面倒な手続きは不要です。チャージしてあるアリペイと同じ感覚で利用できるのです。余計な手数料も取られないので預けやすいと言えます。

この手軽さがアリペイ利用者4・5億人中2・5億人もの人が余額宝を利用している理由です（2018年夏）。お金に余裕のある人は銀行預金をおろして余額宝に入れてしまう人が多く、現在は当局から上限を10万元に定める規制がかかっているほどになっています。

さらに消費者金融機能も充実しています。アリペイの残高に不足があるときはアプリの中から簡単に消費者金融を利用することができるのです。アリペイ独自の与信システム（利用履歴から個人の社会的信用度を算出する）芝麻信用スコアとも連動しており、必要なスコアを上回って入れば審査などの手続きも不要で即アリペイにお金を振り込んでくれるのです。

またホテル、カーシェア、レストランなどの日用サービスもアリペイの中から利用できるようになっていて、これを利用すると検索、予約、決済までがワンステップで行えることにもなっています。

一方日本は貨幣鋳造の技術が卓越しているおかげで貨幣への不満が少なく、デジタル化が遅れているという皮肉な話があります。日本はいつの間にかガラパゴス化した状態で置いて行かれつつあります。

すでに海外ではアジア圏で日本を除きWechatの加入が知識層では１００％に近くなっており、スマートフォンをチケット変わりにして会場の参加登録などを行うようになってきているなど、ディフェクトスタンダードという統一の動きが取られています。

支払いを現実の通貨に頼っている日本においては未だに会議や展示会などでも入口に芳名帳を置いて、受付で参加登録してから名札を配るというマニュアルな作業が行われています。このように気が付かないうちに時代に乗り遅れてきているのが日本の現状なのです。

たとえば会議などでWechatで瞬間的に参加登録ができると「○○先生が来ている」という情

報を担当の医薬情報担当者がキャッチすることができ、不足金額なども瞬時に精算されます。時間が短縮されるだけでなく、そこに割いていた人員や芳名帳などのデスクの用意や配置などの莫大な費用すら軽減できることになります。これはかつて手書きでレターを作っていたものがワープロを経てパソコンで作業するようになり作業効率が格段に上がったくらいの産業革命の様相をしめしています。

さて、それに対抗する日本勢はＬＩＮＥがLINEPayを進めてきているがまだまだ広がりを見せていない。その理由は登録が複雑であることが理由の一つでしょう。それからどこでも使えるわけではないところもこれからの課題です。さらに手数料は個人負担です。これではディフェクトスタンダードになりにくいと言えます。

ここで問題点を挙げてみましょう。

●プリペイドなので月額引き落としタイプで決済できない。現在までプリペイドで進化した決済の仕組みは無い。あえてプリペイドにしているのはリスクを避けているのだと思うがこれでは進化しない。

●アリペイのような付加価値機能をつけようと日本人が好きなポイント制度を使っているのは認めよう。ただそのポイントにも限度がある。何故か一ヶ月の利用が10万円を超えるとポイントが付与されなくなるのである。

●カードの不正利用補償が弱い。基本的に保証限度額は10万円まで。LINE公式には30日以内の不正使用は補償されると書いてあるが、通常のクレジットカードの場合は90日以内の不正使用は補償される。顧客を守る姿勢が少ない。

●利用明細閲覧がLINEアプリのみでWebから見ることができない。webから確認できないなのは問題がある。つまりLINEに加入しろということ。ほぼ加入しているとは思うがPCのリテラシーが高い人しか使いこなせないようになっている。

●LINEの不安定さ。LINEが消えたと悲鳴を上げている友人の一人や二人は周りにいるのではないだろうか。そのようなアプリに財産を預ける気にはなれない。

●お問い合わせセンターの不親切さ。お問い合わせセンターへの電話してみたところLINEアプリ内でのQ&Aで調べてくださいという自動応答が返ってくるだけ。まだサービスが本気で取り組んでいないことがわかる。

現在大きな国際会議においても参加者にWechatに入って欲しいという案内が来ることがあります。会議参加者でなく、裏方であるスタッフは事務局からWechatのグループが案内されるのが当たり前になってきています。

現在のデジタル決済はモバイルの普及とセットになっているので、今後モバイルの衰退が無い限りはこの流れは止まらないでしょう。そしてモバイルの普及は間違いなく止まることはありません。そうであれば日本も国をあげてこの流れについていかなくてはならないでしょう。そしてイベントの進化と支払いの仕組みの進化は切り離せないことも知っておいてほしいのです。

2 2匹目の龍：シェア経済への遅れ

海外と日本の違いのひとつで昨今大きく取沙汰されるのが民泊などのシェア経済です。一般家庭の貸し出しやＵｂｅｒを代表する民間ドライバーなど、民間の資源活用がこれにあたります。まずＵｂｅｒを代表とするライドシェアという仕組みは海外において広く普及しています。その理由はタクシーへの不信感もあります。前述のデジタル貨幣も同じように既存の仕組みに対しての不信感から普及したものに似ている部分があります。

Ｕｂｅｒなどのライドシェアが普及していなかった時代は海外でタクシーに乗るのは冒険でしかありませんでした。それはひとえに「いくらかかるか判らない」という事への恐怖が常につきまとったからです。メーターがきちんと作動しているか、道は正しいのだろうか、と顧客が心配しなくてはいけなかったからです。

Ｕｂｅｒでは先に明確な料金提示があり、相互の金額の合意の元に走るのでどのルートを通ろうが金額は変わらないのです。加えてタクシーをつかまえるという作業は海外からの訪問者には難しいところでもあります。言葉の問題もあるのできちんと行き先を伝えることができるかという不安もあります。それらがＵｂｅｒの仕組みで一気に解決したわけです。事前に行き先を予約することできるため言葉を多く交わして交渉しなくても目的地に連れて行ってくれます。ドライバーへの信頼度を後に評価することもできるので個々のドライバーの信用も確認できます。それだけでなく車種も選べたり運転手と事前にメール連絡を取ることもできるのです。

そんなに便利なものが何故日本では流行らないのかと言うと、ひとつには政府の規制があるのですが、最も大きい理由は日本では元々のタクシーという仕組みへの信頼度が海外のタクシーよりも高いという事があると言えます。つまり制度を変える必要をあまり感じていない人が多いのです。海外ほどぼったくりタクシーが横行していないので不安が少ないという事であります。これが進化を遅らせている原因の一つかもしれません。

Ａｉｒｂｎｂに代表される民泊が流行ってきている現状も全く同じです。海外ではホテルの仕組みに不満が多いために民泊が進化した経緯がありますが、日本ではカプセルホテルやビジネスホテルなどの進化があるので既存の仕組みへの不満が少ないために進化が遅れていました。

しかしそうも言っていられない状況になってきたのは日本もインバウンド需要が爆発的に規模を大きくしているからです。つまりインバウンドが押し寄せてきていますので宿泊先が取れないという現状があります。元々1000万人も来ていなかった訪日客が3000万人に迫ろうとしているわけです。宿がないのは当然のことでしょう。

民間資本も一生懸命ホテルを新築しているがそのような動きでは追い付かないといったところです。従ってどんどんホテル代が値上がりしています。行政は民泊を規制していますが、物理的に今の仕組みではうまくいかないのです。急激な変化に行政だけでなく日本人のマインドがついてくることが出来ていません。だがよくよく考えてみれば民泊はやはり圧倒的に便利な仕組みです。日本は職人気質の国であるからプロに任せておけば大丈夫だと思いやすいが、素人に任せても便利で費用が安くすむのであれば何事にも勝てないのです。とにかく規制しようとするから世界の動きに乗り遅れたアナログな国へとなっていくわけです。

現在の日本は産業革命時代の馬車組合の在り方とよく似ています。いずれ淘汰される仕組みですが工夫を繰り返して既存の仕組みを生かして乗り切ろうとしているのです。そこは間違いではないが、新たな産業の仕組みを勉強して取り入れる余裕が行政にも国民にもいずれも欠けていると思います。

今の行政に必要なのはライドシェアや民泊を規制することではなく、タクシー業界を生かしながらライドシェアの仕組みを並立させ、民泊もホテルや旅館と同時活用して多くの訪問客を高いレベルでさばける仕組みを作ることです。そして役所は裁判所ではないので規制に対して力をふるうのではなく新たな仕組み作りをするようにしていけばいいのです。

同時に我々も革新的なサービスを受け入れるマインドを持たないといけないでしょう。法律違反だとしてシェアライドのドライバーや民泊運営者を大家と一緒に追い出そうとするのは長い目で見て利用者の不便なのであるから国家としてプラスではないのです。

宿泊や輸送は本体のイベント運営からすれば外部の補完的なものです。だがこの部分が不十分であるとイベント運営の支障をきたすのです。だからこそこの部分をしっかりしていきたいのです。

3 3匹目の龍：少子高齢化の弊害と人材不足

デジタル経済への変革やシェア経済への動きがなかなか進まないことは、実は少子高齢化の世の中であることが影を差しています。実際にスマホ世代と言われている若年層は新たな仕組みができればマニュアルもなくすぐに対応できる対応力があります。しかし日本人口の分布の大多数が中高年であることが新たな仕組みを阻害していると言えます。高齢者がデジタルな考え方についていけていない現実がそこにはあります。

少子高齢化の弊害でよく言われるのが労働人口の減少です。そして労働人口が減ることで経済面がマイナスになります。しかし実際には少子高齢化の大きな弊害はそこではなく中高年がデジタル経済に置いてきぼりにされていることではないかと思います。中高年が決して学ぼうとしないのではないのです。事実、著者の母親も最近はＬＩＮＥを覚えスタンプをつけてメールを送るようになってきています。中高年だからデジタル経済に対応できないのではなく、やはり環境なのだと思います。中高年も新たなことを取り入れるような環境を行政のレベルでも取り組んでいかなくてはならないでしょう。


ＬＩＮＥで業務単位ごとにグループを組んでデータをアップデートしたり、海外とのグループ通話などのデジタル世代では当たり前のことが中高年にはできない人が多いのです。デジタル世代は誰もが知っていることをわからないということになります。

たとえば中国ではＬＩＮＥは通じにくいのでWeChatに切り替えていくなどの普通のことを説明しても理解してもらえません。中高年が出来ないのでなく、中高年はデジタルについて教えないと出来ない世代なのです。そしてデジタル世代はマニュアルがなくても出来る世代なのです。これらの問題は政府レベルでサポートしていかなくてはいつまでも高度な労働力が増えないままになってしまうでしょう。

イベントの世界においても劇的な変化が生まれており、参加申し込みも以前のようなファックス送付による打ち込みやメール送信による方法が淘汰されてきてほとんどＷＥＢに直接参加者から入力してもらうことでデータの入力による打ち込み間違いの責任は代理店から本人に移ってきました。

長年蓄積されたイベント運営のノウハウが役に立たなくなってきています。つまり技術の進化に乗り遅れた人は淘汰されていってしまうのです。アナログ世代の人は自分が変わろうとしないと、今後の業務には不要な人材となるのです。著名なイベントプロデューサーで過去の運営方法にしがみついている人は多分に漏れず仕事をどんどん失ってきているはずです。

他の特徴としては、雇用における単価が中高年は高いというのもあります。長年積み上げてきた実績による給与のレベルが実績が少ない若年層より高いのです。もちろん若年層と比べて医療費もかかるので生活にかかる費用が高くなることもあります。ローンを組んでいたり、離婚して養育費を払っていたり様々な事情があることも生活レベルを落とせない理由となっています。

中高年人口が日本においてはマジョリティであるので産業が活性化しにくいわけです。そして中高年層は余っているのに若い人が求められる業界は恒常的に人手不足となっています。

２０１８年夏の時点で人手不足の１位は建設躯体工事の職業です。建物の骨組工事をする仕事で型枠大工、とび工、鉄筋工などが該当します。有効求人倍率は9・62倍、10社が募集しても1人しか応募者が見つからないという超人手不足状況です。2位は警備員などの保安の職業で6・89倍です。こちらは2013年比5割以上増えています。建設ラッシュの影響で配置が必要な警備員の需要は高いのです。同様に4位建築・土木・測量技術者（5・61倍）、5位建設の職業（4・26倍）、8位土木の職業（3・76倍）と、建設関連の職業が上位に並びます。

医療・福祉系も人手不足は慢性的です。医師、歯科医師、獣医師、薬剤師が6・73倍で、3位に入っています。2013年の7・73倍からは下がったが依然として高水準です。介護サービスの職業は2・90倍で12位です。

求職者数は138・3万人と2013年から5割近く増加していますが、有効求人倍率も4年で倍以上になっています。6位は外勤事務の職業（4・10倍）。公共料金の集金員などが該当する職種です。7位は生活衛生サービスの職業（3・93倍）で、美容師やクリーニング店などに勤務する人が該当します。

そこで政府が重い腰を上げて最低賃金の改定をしたり、外国人労働者の単純労働へのVISAの解禁などの動きが出てきています。デジタルに弱い中高年をいかに再生して活用するかが今後の日本のイベント運営の課題であるのかもしれません。

4

4匹目の龍：カジノ立法成立

２０１８年7月カジノを含む統合型リゾート（ＩＲ）実施法案は20日午後の参院本会議で、与党と日本維新の会などの賛成多数で可決、成立しました。ＩＲの施設数は当面全国３カ所までとしました。ギャンブル依存症の対策として日本人客の入場回数は週３日、月10日までに限るほか、１日あたり６０００円の入場料を取ると決まりました。

ＩR施設はカジノのほか、国際会議場や展示施設、宿泊施設などを併せ持つ。施設の設置数は最初の区域認定から２０２５年に見直せるようになります。すでに複数の地方自治体が誘致を表明しており、将来は施設数が増える見通しです。さらにカジノを設置するには立地する自治体の同意を得ることも条件としました。

日本人や日本に住む外国人の入場回数はマイナンバーカードで管理します。カジノの面積はＩR施設の延べ床面積の３％までとする方針です。通路や飲食スペースなどはカジノ面積には含めません。20歳未満の人や暴力団員などはカジノへの入場を禁止します。

カジノ事業者は収益の30％を納付金として納めなくてはなりません。納付金は国と施設がある都道府県で折半して、観光振興や福祉などの公益事業に充てることとなっています。そしてこの収益の30％という膨大な金額がコンテンツの向上のためにイベント運営で使えるようになります。これはイベント運営者にとってかつてない時代に来ていると言えます。

ラスベガスにはミラージュという火山噴火ショーで有名なホテルがありますが一晩で火薬なども含めて一億円近い金額を費やします。それだけではなくホテルの宿泊の料金は安くし、カジノの中は飲み物が自由に飲めるといったサービスを提供しています。カジノの収益の配分をラスベガスのコンベンションビューローがやっており、資金が潤沢にあるのわけです。よって様々なショーも、ショーの入場料ではとてもまかない切れない程のしっかりしたステージ作りができているのです。

イベントを運営する側からするとチケットと広告の収入、寄付金に頼って原価を削るのがイベントだとしていた時代からは隔世の感があります。その時代が日本にも目の前に来ているのが今です。今まではいかにコストカットが上手であることがイベンターの条件であったが、今度は本当に中身の充実度が重要となる時代に変わっていくような流れになります。イベンターにはさらに切磋琢磨の時代が来ているのです。カジノ時代がイベントの在り方を変える可能性があるということです。

このように初版を出してからわずか数年で4つの流れが動きだしました。イベント運営マニュアルもそれに合わせて進化していくようにしなくてはならないでしょう。そしてその時代の動きについていけるかどうかもイベンターとして成功する大きな要素だと言えます。

新イベント運営完全マニュアル

最新改訂版

2019年11月15日　初刷発行
2025年　5月25日　第15刷発行

著　者　高橋 フィデル
編集人　宮﨑 博
編　集　秋葉 杏
発行人　高橋 フィデル

発行所　JAPAN VISITORS BUREAU（株式会社ジェイブ）
〒206-0002　東京都多摩市一ノ宮1丁目7-4
SKYガーデンコート聖蹟1号棟
TEL：042-401-8666　FAX：042-401-8008
http://www.jvb.co.jp
　Printed in Japan　ISBN978-4-908166-23-5